モヤモヤOL
みなみが教わった
「自分を変える」
プラットフォーム
仕事術

Carl Atsushi Hirano
平野敦士カール

EYE LOVE EYE
TAC出版

モヤモヤOLみなみが教わった「自分を変える」プラットフォーム仕事術　目次

登場人物紹介

神無月みなみ（かんなづき・みなみ）

25歳、東都銀行銀座支店勤務。人と接することが好きな社交家。一生懸命なんでもやるタイプ。入行して1年目は預金係に配属。窓口で接客にあたり、人と接することができていたのでそれほど不満なく過ごす。ところが、2年目に営業に異動し、直属の上司である藤田早苗課長と組まされ、成績は上がらず、意地悪される日々に銀行を辞めたいと思うように……。

ぷーにゃん

プラットフォーム星からやってきた宇宙人。ゆるキャラな外見。幸せ度100％の星から地球にプラットフォーム戦略®の大切さを教えにやってきた。マンツーマンの指導がモットーで、ある日、仕事に悩むみなみの前に突如として現れる。その都度、幸せになるための仕事の考え方、場づくりの大切さを説く。コーヒー牛乳だけを飲んで生きている。

藤田早苗（ふじた・さなえ）

35歳独身、みなみの直属の上司で営業1課課長。趣味、貯金。仕事はできるが、若い女子、トロい子が嫌いで、過去にいじめ過ぎてうつ病になり銀行を退職した人もいるほど。社内で保身のために副支店長と不倫。自身の出世のためなら、手段を選ばない。こんなに給料がいい仕事は自分にはもうないと思っており、定年まで銀行に勤めようと考えている。

今井 淳（いまい・じゅん）

みなみの彼氏で、同じ年の25歳。中堅機械メーカーに勤務。身長180センチのイケメンだが、主体性のない草食系。薄給のため、結婚はまったく考えていない。みなみの仕事の相談にはいつも適当な反応。一度はプロのミュージシャンを目指すも挫折。日々流されているように見え、みなみとの仲は険悪になるが、実は、曲をつくり続けていて……。

木田雅美（きだ・まさみ）

みなみのいとこで、37歳、独身。イラストレーターで企業や雑誌のイラストを請け負う事務所を経営。あるとき、乳がんであることが発覚。右乳房の全摘手術を受ける。一時は絶望モードだったが、手術が成功して、生かされた命であることを自覚し、前向きに生きることを決意。乳がんと自身の仕事であるイラストを掛け合わせたブログを綴り、人気ブログとなる。

サンライズ社　山口社長

40代半ばの「カフェ・ピアチェーレ」経営者。都内に4店舗まで拡大する実直なやり手社長。みなみを通して東都銀行に新規融資の申し込みをするが、藤田に邪魔され、一度目の融資申し込みは直前で通らず……。それでもみなみの人柄を見込み、銀行の仕事とは違う仕事を依頼し、それがみなみの独立のきっかけとなる。

「サロン・ド・リバティ」オーナー・浦田

みなみが定期的に通うマッサージ店のオーナー。丁寧な施術が好評で顧客はほとんどがリピーター。アロマテラピー×漢方×占いなど、人と組んで、自分のお店のメニューを広げているプラットフォーマー。

東都銀行銀座支店　副支店長・野田

40代後半。典型的な銀行員であぶない橋は渡らないタイプだが、藤田早苗にはめられ、妻子がありながら不倫関係に。不倫がバレる恐れから、早苗の人事評価はいつもAにし、早苗に危機が訪れると、なにかと上司とかけあう。

第1章

嫌われOLの輝かしくない毎日

どこまでも青く澄み切った空を見上げ、背伸びして深呼吸する。この地球上のすべての人が応援してくれているような気がして、「やったぁ〜！」とガッツポーズをとりたい衝動に駆られる。

私の名前は神無月《かんなづき》みなみ。都市銀行・東都銀行に入行して3年目のＯＬ。

毎日、上司の罵声を浴びながら朝から晩まで働いていた「嫌われ者」。

結婚の予定もない、仕事もおもしろくない、他にやりたいこともないと「ないない尽くし」の状況の中、ただ時間だけがむなしくに過ぎていった日々。

そんな私がまさか「幸せな退職届」を出すことになるなんて想像もしなかった。あの日、不思議なぬいぐるみの「ぷーにゃん」に出会うまでは……。

鬼上司

「神無月、ちょっと！　あれどうなってるのよ⁉」

営業1課課長の藤田早苗《ふじたさなえ》の甲高い声が今日もオフィスじゅうに響いた。

「今月中に上條電機の担保評価の見直しをするように、前に指示しておいたでしょ。

どこまで進んでるの⁉」

みなみはハッとして、その場に固まってしまった。

「忘れてたのね？」

藤田は周りの行員が凍りつくのを楽しむかのように近づいてきた。

「えっ、あっ、他の仕事が忙しかったもので、つい……。すいま……」

「役立たず！　まったく何やってんのよ！」

言い終わらないうちに、みなみは後ろからイスを蹴られ、背中に衝撃が伝わった。

「痛いなあ。イスにキック食らわすのは明らかに暴力でしょ、いじめでしょ。管理職の課長がそんなことしていいのっ！」

みなみは心の中で叫んだ。

そこへ藤田が追い打ちをかけた。

「あんた、記憶力悪いんだから、やるべき仕事は全部メモしておきなさいって言ったのに、何度言ったらわかるの！　これ終わらなかったら、今日は帰れないわよ。他の仕事は後送りにして、今週中に片付けなさい！」

「はい。すいません」

みなみは藤田の鋭い視線を避けるように、机の角を見つめながら小さな声で謝った。

現実

みなみが大学を出て東都銀行に入行したのは2年前のこと。人と接することが好きだったので、本当は、航空会社のCA（キャビンアテンダント）になりたいと思っていた。希望に燃えて航空会社6社に応募したが、結果は見事なまでに全滅だった。でも、就職できないのは困る。ニートにはなりたくない。

幸い、みなみの通っている大学は、私立大学の中でもトップクラスの知名度を誇り、大企業で活躍する卒業生も多かった。みなみは頭を切り替え、大学のキャリアセンターのアドバイスもあり、金融機関を軒並み受けることにした。

その中の1つ、都市銀行である東都銀行は、完璧なまでに学閥主義なのか、1次面接から3次面接まで、面接官は全員みなみと同じ大学の先輩だった。同じ大学出身ということもあり、リラックスして面接を受けることができたことが幸いしてか、あれよあれよという間に最終面接まで進み、総合職として内定を得ることができた。

みなみはCA以外には特にやりたいこともなかったし、親や周りの人からは「すごいじゃない！　銀行員は給料もいいし安定しているし」と言われたので、自分でもまんざらでもなくなってきて「まっ、いっかな」という軽い気持ちで入行したのだった。でも、正直、銀行員が何をやっているのかは、業界研究もしていないみなみは、ほとんどわかっていなかった。

入行1年目は、銀座支店の営業2課預金係に配属された。銀座支店では営業1課は法人、営業2課は個人を対象にした業務を行っている。窓口で、大勢のお客さんと接することができたので、仕事はわりとおもしろかった。毎月少額ながらも必ず預金をしに窓口にやってくる、少し腰の曲がった、小綺麗な70代の女性と顔馴染《かおなじ》みになった。みなみが「いつもありがとうございます。外は雨があがったようですから、傘などのお忘れ物がございませんよう、お気を付けてお帰りくださいませ」と声をかけると、女性も笑顔になり、「ありがとう。あなた、感じいいわね」と返してくれたりもした。みなみは、そんな会話をしてお客さんの笑顔に出会う瞬間が好きだった。

ある日、預金係の30代の男性係長に呼ばれた。

「あのお客さん、毎月、窓口に来ているな。いつも話し込んでいるけど、いったい、いくら預金しているんだ?」

「月に1万円です」と笑顔で答えると、「そんな少額の客相手にムダに時間を使うなよ！　時間効率を考えろ。大口定期預金をしてくれる客に時間は使え」とぴしゃりと言われ、みなみは思わずしゅんとなってしまった。

銀行というところは、お金というフィルターを通して人を見ているのだ。お客さんの資産状況や事業の収支など、とにかく何から何までお金を基準に判断し、価値を値踏みしている。

個人でいえば、お金をたくさん預けてくれるお客さんが「Aランクのよい顧客」、預金額が少ないお客さんは「ランクの低い顧客」だった。つまり、銀行が儲かるかどうかで顧客を分類しているのだ。みなみはそんな現実を入行して3カ月で受け入れざるをえなかった。

「銀行にも株主がいるのだから、利潤を追求するのは当然のことだとは思う。でも、人と人とのつながりを純粋に大切にしたい自分には、お金で人間の価値を判断してしまうこの仕事は、合っていないのかな……」。みなみはそんなことを思いはじめていた。

「もうやめたい！」と心の中で何度も思ったが、中高一貫の女子校に通い、受験をして大学に入学、そして就活と、一定のレールに乗ってきた自分が、そのレールから外れて生きていくほどの勇気はなかった。どうしても、これをやりたいと思えるような仕事もなかった。

福利厚生もいいし、ボーナスも新人ですら、そこそこの金額が出る、それに、社会的にも銀行員といえば「すごいね」と言われる、だからここでいい、と無理にでも自分を納得させる他なかった。

天敵

入行2年目になると、みなみは法人を担当する営業部営業1課に異動させられた。大手の企業は本店営業部が直接担当するので、営業1課が担当するのは中小企業や商店が中心だった。そこで直属の上司となったのが、みなみの10年先輩にあたる藤田早苗課長だった。

藤田は小柄で、いつもマスカラばっちりの厚化粧で、見ようによっては美人なので、男子行員にはわりと人気があるのだが、若い女子行員からはその存在を恐れられ、彼女にすき好んで近づいていく者はほとんどいなかった。

仕事はバリバリできるので、ちょっとモタついている女子を目にすると、「何、あの子。トロいんじゃないの⁉︎　よくうちに就職できたわねえ」

などと、わざと大声でイヤミを言ったりする。みなみも入行以来、さんざん藤田にイヤがらせをされてきた。


みなみは営業1課に配属されると、〝天敵〟とも言える藤田課長と組んで顧客回りをすることになった。営業の主な仕事は「既存客との取引額を増やすこと」と「新規の取引先を開拓すること」だ。このうち既存客回りを藤田とペアで取り組むことになったのだ。営業の責任者である野田副支店長からの命令なので、従わないわけにはいかない。

「これから、よろしくねっ」

藤田はイヤミたっぷりに言ってニヤッと笑った。その悪魔のような笑みにみなみはゾッとした。

みなみが取引先の人と名刺交換をしていると、「神無月は抜けたところがあるので、何かありましたら私にすぐにご連絡下さい」などと、いらぬひと言を付け加える。

藤田がお客さんの前で営業用の書類を広げ、融資プランについて説明しているときに、みなみが少しでも口をはさもうものなら、「あなたは黙ってなさい！　お客さまの事業計画に関わる大事な話なんだから」とぴしゃりとやられる。

まったくしゃべらないのだったら、私がこの場にいる必要ないじゃない、などとみなみは思ったりもしたが、そばで藤田の説得力ある話に聞き入ってしまうこともあり、仕事のやり方としては大いに参考になった。

とはいえ、藤田はみなみには一貫して意地悪で、あるとき、藤田自身が客先から預かってきた書類の一部を紛失したにもかかわらず、みなみのせいにされたこともあった。一方で、みなみが新規の取引先を獲得しても、営業部長の押切《おしきり》に報告するときは、手柄はすべて藤田のものとされた。おかげでみなみの営業成績はさっぱりだった。

実情を知っているはずの他の上司や同僚たちは、みなみのことは見て見ぬふりだ。

ヘタなことを言ったら自分がいじめの標的にされてしまうからだ。ただ、営業1課の中でも1年先輩の岡田旬《おかだしゅん》だけは、藤田の見ていないところで、「気にするなよ」と励ましてくれたが、それは多勢に無勢というに等しかった。

藤田にいじめられ、イヤミを言われ、営業成績もパッとせずに、心が折れそうな毎日の繰り返しでみなみの銀行員2年目の日々は過ぎていった。

入行3年目になっても、藤田は意地悪をやめることはなかった。

ある日の昼休み、みなみは給湯室で私用電話をしていた。久々に大学時代の仲よしグループ4人が集まって渋谷で女子会をしようと計画していたのだ。みなみはこの会の幹事だった。

「LINEでみんなの都合の確認はできてるんだけど、結衣《ゆい》だけは電話で直接確認しておこうと思ってさ。来週の金曜、ほんとに大丈夫だよね？　結衣も今は何かと忙しい時期だろうけど、主役が急に都合悪くなって来られなくなったりしたら、みんな残念がるよ。大丈夫ね？　よかった。それじゃ来週の金曜、楽しみにしてるからね！」

人差し指で「終了」を押したちょうどそのとき、藤田が通りかかった。みなみの体は無意識にビクッとした。「ヤバイ！　話聞かれた？　でもなんでビクビクしなくちゃいけないの。今は休み時間だし、私用電話といっても、自分の携帯を使っているのだから、文句を言われる筋合いはない。気にしない、気にしない」。

みなみはそう自分に言い聞かせて心を落ち着けた。

週が明け、女子会当日の金曜日になった。今日は外回りの仕事は入っていない。みなみは定時に仕事を切り上げられるよう、朝から集中して猛スピードで書類整理に取り組んだ。作業はスムーズに進んでいった。この日はなぜか藤田の機嫌もよく、みなみの仕上げた書類がどれもすんなり通ったのだ。

定時の5時10分間際、やれやれ、今日は定時に帰れるわ、とみなみが思ったその瞬間、「この会社の財務資料、今日中に作っておいて！」。藤田の甲高い声が響いた。

まるで密かに計画を練っていたとしか思えない強烈なイヤがらせを仕掛けてきたのだ。あのときのイヤな予感が的中した。

そんな！　今になって、なんでそんなこと言うの！　みなみは泣きそうになるのをグッとこらえた。藤田は、「これができあがるまで、私もつきあってあげるから」と言って自分の席に戻って雑誌を読みはじめた。

こんなヤツには負けない！　一刻も早く仕上げて女子会に行きたい、そう思う一心で財務資料をつくり上げた。だが、藤田はろくに見もせず、「やり直し」とひと言だけ。これが2度3度と繰り返され、どうにか仕事を終えて社を出ることができたときには、すでに午後8時を回っていた。

女子会

女子会はすでに7時からはじまっている。みなみは時間通りに行けないことをＬＩＮＥで伝えておいたが、まさか9時近くになってしまうとは思わなかった。

「みなみ、遅いじゃん！」

みんなを代表するかのように、南川景子《みなみかわけいこ》がやや責めるような口ぶりで言った。

「ごめん、ごめん、思ったより仕事に時間かかっちゃって。前にも話した鬼上司に帰る直前に仕事ふられちゃってさ」

みなみはありのままを言って謝った。

「マジで？　その鬼上司、今日の予定が入っていたのを知ってたみたいじゃない」

吉沢祐里《よしざわゆり》がするどく突っ込んだ。

「たぶんね。電話で結衣と話しているところを聞かれちゃって、ヤバイと思ったんだよね」

「そこまで意地悪するのは、何か意図があるのかしら。でもよかった、間に合って」

と、ことのほか喜んでくれたのは、おっとり系の神山《かみやま》結衣だった。結衣はこの秋に結婚することが決まっており、そのお祝いで久しぶりに4人で集まろうということになったのだ。

みなみは会への参加の遅れを取り戻そうと、いつも以上にハイテンションになって話に加わった。立て続けにカクテル3杯を飲み、みんなが残しておいてくれたスモークサーモンやピザをもりもり食べた。

「ピザ、冷めちゃったからおいしくないでしょ？　追加であんたの好きな唐揚げ頼んであるからね」

と結衣が気づかってくれた。みなみは「ありがとう！」と言うと、「もう1杯、いっちゃおう！」とノリノリだった。

「ねえねえ、それでさあ、結婚相手の彼ってどんな人？」

「結衣とは別の商社に勤めていて、イケメンなんだって！」

「芸能人にたとえると誰に似てる？　写メ見せてよ」

などと話が弾み、楽しい時間はあっという間に過ぎていった。

「ヤバイ、もうこんな時間！　そろそろお開きにしようか。電車なくなっちゃうよ」

景子がそう言って、みなあわてて帰りの準備をはじめた。

惰性

みなみは渋谷駅前で彼女たちと別れ、終電1本前の半蔵門線に駆け込んだ。女子会は盛り上がったし、お料理もお酒もおいしかった。気分よく電車に揺られるみなみだった。

しかし、暗い車窓に映る自分の顔を見た途端、ほろ酔い気分も一気に醒《さ》めた。頬がげっそりとこけていて、目は輝きをなくし、落ちくぼんでいる。つい「ぶっさいく」と独り言をもらしてしまった。隣にいた酔っぱらいのおじさんがヘラヘラ笑いながらみなみを見ていた。気分は最悪……。

みなみは結衣のことを思い出し、ますますみじめな気持ちになった。結衣はあんなにも幸せオーラに包まれていた。商社勤務だからお給料はいいし、職場環境にも恵まれているみたいだ。

結婚してからも仕事を続けるつもりだと言っていたから、仕事もやりがいがあるのだろう。それに比べて自分は……。一応、今井淳《いまいじゅん》という、長年つきあっている彼氏がいるにはいるけれど、今のところ結婚の予定もないし……。

ハーッとみなみは大きなため息をついた。

淳とは、大学3年のときに合コンで知り合い、みなみのほうから他大学に通う淳に「今度飲みに行かない?」とメールしたのだった。以来、もう4年以上の付き合いになる。

淳は180センチの長身で、わりと人目を惹くルックスだ。当時はバンドを組んでいて、「絶対プロになる」と息巻いていた。淳はヴォーカル担当だが、ギターも弾けるし、バンドのオリジナル曲の作詞作曲も担当していた。みなみは、好きなことを一生懸命やっている淳だからこそ好きになったのだ。

レコード会社・ケイバックスのオーディションを受けると決まったときも、みなみは陰ながら応援し、オーディション合格を本気で願っていた。

しかし、淳のバンドは1次選考であっさり落ちてしまった。プロになるまでの実力がなかったのか、当日の調子が悪かったのか、みなみにはわからない。ともかく、メンバー全員が意気消沈し、それ以降のバンド活動が下火になったことは確かだった。

ケイバックスのオーディションが大学4年の4月にあったこともあり、淳は「こうなったら就職するしかない」と、半ばやけくそのように、就活をすることになった。

淳は工学部で成績も悪いほうではなかったので、就活をはじめてすぐに中堅どころの機械メーカーに内定した。特にやりたいこともないからと、淳は最初に内定したこのメーカーに入社することを決めた。だが、入社してからの淳はちっとも楽しそうではなかった。口を開けば、「仕事がきつい、給料が安い」と嘆いてばかりいる。

文句を言っても仕方ないでしょ、とみなみは自分のことは棚に上げ、内心そう思っていた。

大手町で丸ノ内線に乗り換え、自宅の最寄り駅・本郷三丁目に着くとすぐ、淳に電話した。今日の藤田のイヤがらせについて、愚痴を聞いてもらいたかった。

淳は7回目のコールでようやく電話に出た。「おうっ、今寝ようとしてたところ。ふぁ～あ。で、何？」と、あくび混じりに気のない返事。みなみが藤田の件を一気に話し終えると、「ふうん、そんなの、いちいち気にしてたら身が持たないだろ」とダルそうに返した。

最近は、みなみの話を真剣に聞こうともしない。結婚する気もなさそうだし、ただ惰性でつきあっているだけのように思えてきた。

「なんだかんだ言っても、おまえは給料多いから、いいよなぁ」

最後はいつもこれだ。

みなみは、「もういい！　じゃあね！」と人差し指で叩き付けるようにスマホを切った。

灯りの消えた真っ暗な自宅の玄関のカギを開けた。もう寝ていると思われる両親を起こさないようにそっと2階に上がり、自室の電気をつけた。

「あ～あ、仕事もパッとしないし、淳はあんなだし、この先どうなっちゃうんだろ……。今さらCAを目指す気にもなれないし、他にやりたいこともないし」

みなみは独り言をつぶやきながら、ゴロンとベッドに横になった。そして、大好きなクマのぬいぐるみを手に取って話しかけた。

「私の話を聞いてくれるのは、カー君だけだよ。1人ぼっち同士、仲よくやろうね」

やめたい

クマのぬいぐるみに話しかけているうちに、みなみはストンと眠りに落ちた。翌朝、ぐっすり眠ったので体の疲れはとれたが、気分は晴れなかった。

藤田課長に何をされようが、仕事は仕事と割り切って、前向きに頑張っていかなければという気持ちはあるのだが、何をどう頑張ればいいのかと考えると答えが見つからない。

先輩や同僚たちは、何の迷いもなく業務に没頭しているように見える。ものすごい勢いでパソコンのテンキーを打ち込み、億単位の計算をものすごいスピードでこなすことを誇りとしている女性の先輩もいる。

だがみなみとしては、「あんなにテンキーを打つのが速いからってなんだっていうの」というのが正直な感想だ。とはいえ、自分が本当にやりたい仕事は何なのか、考えてみてもわからないのだ。

みなみはその日、同期の町野麻美《まちのあさみ》をランチに誘い、それとなく聞いてみた。麻美はみなみと同じ総合職で、銀行内のサークルに2つも入っていて、人からの誘いも断らないので、いつも行内の人達と飲みに行って楽しくやっている子だ。

ひと通り、雑談をすませると、みなみは聞いてみた。

「仕事おもしろい？」

すると麻美は、なんの躊躇《ちゅうちょ》もなく答える。

「おもしろいとかおもしろくないとかじゃなく、目の前の仕事をしっかりやるしかないでしょ。銀行員になれてよかったと思っているし」

みなみは麻美と大学こそ違うが、総合職の同期ということもあり、仕事のことだけでなく、恋愛のことも含めて色々と相談に乗ってもらっている話しの合う友人だ。ただ、銀行に対する捉え方は大いに違っていた。

麻美は、銀行をはじめとする金融機関こそが、世界経済を動かす原動力だと信じているようだ。大学時代には金融のゼミにいて、卒論のテーマも「グローバル時代の都市銀行の役割」だったという。

そんな麻美にとって、都市銀行の東都銀行で働くことは自分のやりたかったことと合致しているのだ。今の麻美は住宅ローンなどの個人向け融資を担当しながら、外為《がいため》業務もこなしているので、やりたいことがそれなりにやれて充実しているのかもしれない。

「銀行員になれてよかったって、なんでそう思うの?」

「銀行には入りたくて入ったわけだからね。それに、お給料もいいし」

「そっか、麻美はいいな。やりたいことをやれて……」

「みなみは預金の窓口にいたときはけっこう楽しそうだったけど、藤田課長の下になってからは、ずっと元気ないよね。藤田課長はきついから、気持ちはわかるけど、ずっと2人で組んでいくわけではないし、自分で動けるようになるまでは我慢するしかないよ……」

「……そうだよね」

みなみは我慢するしかないと思うと暗い気持ちになり、からになったコーヒーカップをじっと見つめた。

「ねえ、そういえば、同期の新宿支店の本山由香《もとやまゆか》っていう子、あの子、同じ支店のニューヨーク帰りの先輩と結婚するんだって」

と麻美はみなみの沈んだ空気を察してか、話題を変えるように明るく言った。

「そうなの？　あの子、佐々木希に似てて、結構男子に人気あったよね。いかにも、いい人つかまえて早く結婚しそうなタイプだもんね」

社会人3年目ともなると、結婚の話もちらほら聞こえてくる。

「私は、30歳くらいまでは結婚なんてしないで、仕事に集中したいな」

と麻美は長い髪を1つにまとめながら言った。

「えっ、30歳までっていったら、あと5年もあるよ。私は結婚の予定はないけど、銀行なんて今すぐやめたい！」

みなみはつい、本音をもらした。

「やめてどうするのよ？　なんかやりたいことでもあるの？」

「ない！」みなみははっきりと言った。

「ないならやめたって仕方ないよ。独り立ちするまで我慢しなよっ」

麻美にそう言われ、みなみは返す言葉もなく押し黙ってしまう。麻美の言う通りだ、と認めるしかなかった。

頑張らないでがんばる！

その日、銀行からの帰り道、みなみはモヤモヤする気持ちを持てあまし、道端に転がっていた石ころをエイッと力一杯に蹴り飛ばした。すると、どこかで「イテッ！」と声があがった。

誰かに当たった⁉

焦って、暗がりの中を見回したが誰もいない。しかし、前方の突き当たりの街灯の下に、薄汚れたぬいぐるみが転がっていた。近寄って

拾い上げてみると、ゆるキャラ風の愛嬌《あいきょう》のある顔をした、ネコのぬいぐるみだった。

「ごめんね、痛かった？」

ぬいぐるみ好きのみなみは、なんだかこの奇妙なぬいぐるみが気になって、家に持ち帰ることにした。寝る前、お風呂に入ったついでに、ぬいぐるみも洗ってきれいにしてあげた。そして、枕元に置いてあるクマのぬいぐるみ・カー君の横に並べ、「カー君、仲間ができてよかったね。これでもうさみしくないでしょ！」とつぶやいた。

いつの間にかベッドの上でうとうとしてしまったみなみだが、夢の中に、拾ってきたゆるキャラ風のぬいぐるみが登場し、ふら～りふら～りと宙に浮かんだまま、人間の言葉をしゃべりだしたのだった。

「あ、あんたはさっき拾ってきたぬいぐるみ……」

「ぬいぐるみじゃないよ。『ぷ～にゃん』だプー！」

「にゃんにゃん？」

「ちがう！　ぷ～にゃん！」

とぬいぐるみは怒ったような声を出した。そして、みなみの目をまじまじとのぞき込みながら、やさしい口調で尋ねた。

「何を1人でいじけてるのだプー？」

「だって、これから何をどう頑張っていいかわからないんだもん。それに、私って1人ぼっちな気がして」

「色々つらいことがあるみたいだなあ。だけど、つらいことに立ち向かって、『頑張らなきゃ、頑張らなきゃ』と思ったって、よけいにつらくなるばっかりだよ。ぷ～にゃんみたいに、ゆったりまったり生きないと楽しくないし、幸せになれないんだプー！　みなみ！」

「みなみ？　呼び捨て？　でもなんで私の名前知ってるのかしら」

「知ってるから知ってるんだプー」

「……まっ、いいか」

「そう、その『まっ、いいか』というゆる～い気持ちは大事なんだ。自分だけで考えても変わらないことは考えても仕方のないこと。つらくなることも考えないようにして、頑張らないでがんばろう！　そうすれば幸せになれるのだプー」

「頑張らないでがんばる？　そんなこと言ったって、意地悪ばかりする藤田さんの部下でいる限り、幸せになんてなれないわよ」

「他人をいじめる人は自分が幸せではないからいじめるんだよ。イヤなことに目を向けないで、違うことに目を向けるといいよ。過去と周りは変えられないって言うだろ。周りを無理に変えようとしないで自分が変わることだよ。悩んでいても変わらないことなら悩まないようにするんだ。そんな時間もったいないよ」

「悩んでいる時間がもったいない!?　確かに、そうかもね」

「銀行の外にだって人はいるし、仕事はたくさんの人と一緒にするものだよ。もっと周りの人に助けてもらって一緒に頑張ればいいんだよ。上司がとんでもなくイヤなヤツだとか、仕事がおもしろくないとかっていうのは、みなみ自身がそんなふうにイヤなことにばかり目を向けて、世界を狭《せば》めちゃっているせいかもしれないんだプー」

頑固で、人の言葉を素直に聞けないみなみだったが、夢の中に出てきたぷ〜にゃんの言葉は、なぜだか心にスーッと入ってきた。

朝、ハッと目が覚めたとき、タンスの上のネコのぬ

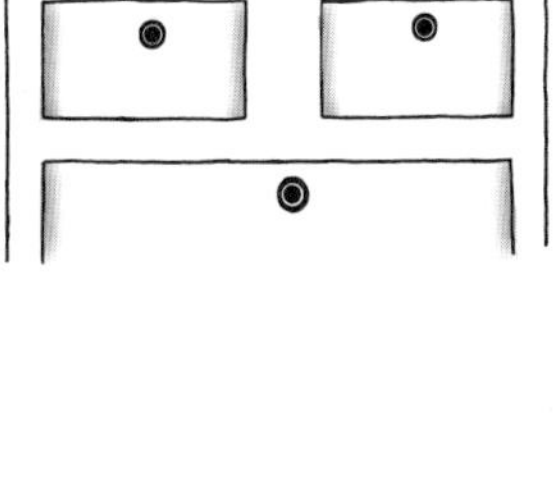

いぐるみがニヤニヤ笑っているように見えた。みなみは不思議に思いながらも、心も体も、すっきりしていることに気が付いた。

新規開拓

その日、みなみは細山酒造の細山社長のところへ向かった。細山酒造は店周ローラー（支店周辺の取引のない企業・商店を軒並み訪問し、営業をかけること）で今まで4回ほど訪問したことがあった。

企業規模は、さほど大きくはないが、中堅の酒造メーカーとして知られ、百貨店や老舗《しにせ》の料亭などと取引のある優良企業だった。1〜3回目の訪問は経理課長止まりで、4回目に、ようやく細山社長に会えたのだが、約1時間、ずっと怒られっぱなしだった。どうやら10年ほど前に、銀座支店から細山酒造への融資話があったらしい。

「10年前の営業マン、融資課長、支店長の態度と言いぐさはなんだ！　こちらから頭を下げて融資して下さいと頼んだわけではない。そちらからやってきて、融資させて欲しいと言ったくせに、結局なんのかんのと理由を付けて、『御社には融資できません』だと。あのときの屈辱は忘れんぞ」

みなみは、めんくらった。10年前の営業マン、融資課長、支店長は、とっくにいなくなっている。みなみにとっては、まったく見知らぬ人間のことを言われても反論のしようもない。ただ、ひたすら「申し訳ありませんでした」と謝った。

そのときは「脈はない」と判断し、2度と来るものか、と思ったが、昨晩のぷ～にゃんの話しに励まされ、もう一度チャレンジしてみようと考えたのだ。それに、あのときの細山社長の目は、口調とは裏腹にやさしかった。

細山酒造を訪れると、経理課長がびっくりしたような顔をした。どうやら、もう来ないと思っていたようだ。今回はアポイントも取っていなかったのに、細山社長は会ってくれた。どうしたことか、顔つき、態度、言葉づかいも4回目の訪問時とは、大きく変わっていた。みなみが言うことをニコニコと笑って聞いている。

ひと通り話しを終えて、社長室を退出したみなみを経理課長が待っていた。

「いやあ、びっくりした。キミがまた来るとは思わなかったよ。実は、やってくる銀行マンに、社長は、いつもああやって対応して『本気度』を試しているんだ」

「そうだったんですか……。私はただ御社とお仕事させていただきたくて、また来てしまいました」

みなみは正直な気持ちを伝えた。頭の中には、夢で聞いたぷ〜にゃんの言葉がよみがえった。

「仕事がおもしろくないとかっていうのは、みなみ自身がそんなふうにイヤなことにばかり目を向けて……」

「そうか、私はイヤなことにばかり目を向けて、自分をいじけさせていたのかもしれない。もっと外に目を向けなきゃ！　仕事のことも世の中のことも、まだよく知らないんだから、これから頑張って、世界を広げていかなきゃ。あのぬいぐるみに言わせると、頑張らないでがんばる！　っていうことになるのかな」

「頑張らないでがんばる！　って私にとって魔法の言葉かも。自分で自分に魔法を掛けていかなくては」。みなみは胃がスーッとして、いつになく体の底からエネルギーが湧き上がってくるのを感じた。

その後、細山酒造を何度か訪問することで、少額ながら定期預金を獲得し、細山酒造との取引がはじまった。

藤田は「それくらいの定期で、調子に乗るんじゃないわよ。あんたの成績は相変わらずうちの課でサイテーよ。あんたみたいな足手まといに給料払っているなんて、ホント、うちの銀行はすばらしい銀行よね」と冷たかったが、みなみは一歩前に進めた気がして、天にも昇るような気持ちだった。

過去と周りは変えられない。
周りを無理に変えようとせずに
自分が変わろう。

第2章

モヤモヤの向こう側へ

できる人を探して、できる人に助けてもらえばいい

細山酒造から、初めて定期預金を獲得した日の夜、また夢にぷ〜にゃんが出てきた。

「やっと元気になってきたね。新規開拓でも既存客との取引でも大切なことは、相手の問題点や悩みを解決してあげることなんだ。単にお金を貸すんじゃなくて、お客さんの悩みを一緒に考えてアイデアを出してあげることが大切。そうしてお客さんとの信頼関係が出てくるんだよプー！」

ぷ〜にゃんはおしりをフリフリして、そう話した。

みなみは「ぷ〜にゃんはうれしいとおしりをフリフリするんだ」と気が付くと同時に、「ゆるキャラのわりには説得力あるわね！」と思って聞いていた。

「でも、お客さんの問題を解決するって簡単なことじゃないわよ。だいたい、私なんかよりお客さんのほうが人生経験も長いし、色々なノウハウやスキルを持っている。私みたいな『若造』が、お客さんの問題なんか解決できるかな？」

「もちろん、できるよ。今、みなみが言ったように、お客さんも、それぞれの分野の

専門家であることに間違いないけど、自分の専門分野以外は素人だからね。自社や自分1人では解決できない、色々な問題や課題を抱えている。東都銀行のリソースを使えるみなみがサポートできることも多いと思うよプー」

「東都銀行のリソースといったって、景気レポートや販促資料は届けているけど、みんな、たいして興味を示さないよ」

「東都銀行のリソースで一番大きいのは『人』だよ。銀行自体にも、様々なスキルを持った人がいるし、たくさんの取引先を抱えているよね。お客さんの問題や課題をみなみが自分で解決する必要はないんだ。できる人を探して、できる人に助けてもらえばいい。他の人の力を借りるのは恥でもなんでもないし、問題や課題が解決すれば、お客さんは喜んでくれるよプー」

「そうか、他の人の力を借りればいいのか」

人は何かができない、というとき、「自分にはできない」「自社では無理」ということに過ぎず、「自分には」「自社では」の部分さえ取り払ってしまえば、「できない」が「できる」に変わっていくのだ、とみなみは思った。

みなみは営業という仕事に対して、初めて楽しさとやりがいを感じはじめていた。他の人の力を借りればいい、と思ったら、肩の力が抜けたのだ。

同じ課の先輩の岡田旬は、大いにみなみを助けてくれた。岡田は普段から公私を問わず知り合った人の専門や得意な分野を聞いておき、パソコンで人名簿をつくっていたのだ。

お客さんから千代田区の名門小学校への越境入学を相談されたら、区会議員のAさんを紹介したり、住宅の増改築を相談されたら、○○建設のBさんに話す、という具合に、相談される案件ごとに、きめ細かく対応できるようにしていた。

岡田が営業部でもトップクラスの成績をあげている理由が、ようやくみなみにも飲み込めた。しかも、岡田はみなみが相談すると、惜しげもなく人脈を披露してくれた。電話でアポを取ってくれたり、多忙な中、一緒に訪問し、みなみを紹介してくれたりしたこともあった。みなみは岡田の気づかいに心から感謝した。

みなみの成績は、「他の人の力を借りればいい」と思いはじめてから、ぐんぐんアップした。営業部長の押切もみなみの働きを高く評価し、「この調子でどんどん仕事を取ってきなさい」と励ました。

「はい、部長。できるだけ多くのお客さんを回って、今後どのような事業展開を考えていらっしゃるか、お話をうかがってきます」

「そう、まずはお客の考えを聞き出すことが肝心だ。藤田君には私から言っておくから、もう入行して3年目にもなるし、キミは今日から1人で外回りをしなさい」

「えっ、本当ですか、部長？」

「キミはもう、上司のサポートがなくても一人前に仕事をこなせるようになっただろ」

「ありがとうございます。頑張ります！」

みなみは頭を下げながら、心の中で「頑張るというのはウソじゃないけど、頑張らないでがんばるだプー、って言ったほうがぴったりくるかな」などと考え、思わず笑ってしまった。

みなみは、藤田が自分に対する態度をいつか改めてくれるかもしれないと思ったことも何度かあったが、それはもう期待しないことにした。藤田はああいう人なのだ、自分が変わろう――。そう心に決めた。

突然の融資話

それから、数カ月後、出勤したばかりのみなみのスマホの着信音が鳴った。あわてて出ると、細山社長からだった。

「神無月さん、細山です。銀行ではなく携帯にかけてしまったけど、今大丈夫ですか？　実はですね、スーパーのナオンから話があって、ナオンのプライベートブランドの日本酒をつくる運びになりましてね。そのための設備投資をする必要があるので、融資の相談をしたい。急で申し訳ないが、明日時間を取ってもらえますか？　メインバンクの西洋銀行とは別に取引できる金融機関を探していたところに、神無月さんが営業に来てくれた。ぜひ、東都さんと取引させていただきたい」

「えっナオンて、大手スーパーのですか？」

「そうなんだよ。これはわが社にとって大きなチャンスでね」

「それはすごいですね。ご連絡いただきありがとうございます」

「私は、ぜひ、あなたに担当してもらいたいんだ。これでも人を見る目はあるつもりです。神無月さん、あなたを見込んで頼むんだが、うちがこの事業を軌道に乗せて、成功できるよう、力を貸してもらえますか？」

「はいっ！　私にできることでしたら、精一杯やらせていただきます！」


細山社長の話をみなみが営業部長の押切に報告すると「社長がそう言うなら、やってみろ」と言ってくれた。直々の指名を受けて融資を担当することになったみなみは、がぜん張り切ってその仕事に取り組んだ。

細山社長から事業計画について詳しく話を聞き、融資の申し込みに必要な書類一式をもれなく準備してもらえるよう、自ら率先して手伝った。細山酒造は資金繰りには困っていない。この融資はきっとうまくいくという確信がみなみにはあった。

「人に認められ、必要とされるって、こんなにも気分のいいものだったのね！　それにしても、ありがたいことだわ」

みなみはこの降って湧いたような幸運を謙虚に受け止め、感謝することが大事だと自分に言い聞かせた。

細山酒造は大手スーパーのナオンのプライベートブランドの日本酒の製造を任され

ることで、大規模設備投資が必要で、そのためには増資が必要なのだが、これまでの細山酒造の実績とナオンのネームバリューもあって、融資はスムーズに通った。

ところが事はそううまく運ばなかった。

ロッカー室に入ろうとしたところで、先輩女子行員同士が話しているのを偶然聞いてしまった。

「みなみ、どうやって細山酒造の社長をたらしこんだんだろう」

「まだ3年目の子が普通に営業やっててつかめる案件じゃないよね」

「女を武器に営業でもしてるんじゃない？」

「その可能性もなくはないわね」

みなみが営業成績を上げたことを快く思わない人々も少なからずいたのだ。

その夜、みなみは悔しくて悔しくて、なかなか寝つけなかった。女を武器にしているなんて、ひどい。陰口や悪口は気にしないようにしようとは思うものの、なかなか気持ちがおさまらない。腹が立って仕方がなかった。

ようやく、眠りに入ったら、ぷ〜にゃんが現れた。

「あっ、ぷ～にゃん。今日、ひどいこと、言われたんだ」

「知ってるよ。残念ながら、人間は嫉妬深い動物だからね。どの分野でも、どこの世界でも陰の部分では嫉妬やエゴが渦巻いてる。足を引っ張ろうとする人間がいるものさ。人間がいない世界に行かない限り、嫉妬や悪口はなくならないよ」

「じゃあ、あきらめるしかないのかな」

「いちいち腹を立てていたら、腹を立てている時間がもったいないよ。そうした人たちに対しては『きっと○○さんは私生活でも不幸な人なんだろうなあ』とか、『○○さんは、そこまで困っているんだ』と考えればいいよ。『自分が幸せではないから、他人に対する嫉妬心を持ったり、非礼な態度・行動をとったりするのだ』と受け止めるようにしよう。そして、自分はそうならないように自分を戒めるようにすればいいんだプー！」

ぷ～にゃんの言葉にみなみは、ちょっぴり気持ちがラクになった。

「イヤなことがあったら、軽く無視してスルー、スルー」

とみなみは夢の中で何度も繰り返した。

紹介

みなみはいつしか夢の中で、ぷ〜にゃんが登場するのを心待ちにするようになっていた。ぷ〜にゃんのアドバイスは、こと細かだった。あるときは、交渉を優位に進める〝魔法の方法〟を教えてくれた。

「たとえば、相手と折り合わなきゃいけない条件が10個あるとするよね。そのときは6個を飲んであげて、4個をこちらが取るといったやり方をすればいい。先方は『儲け主義ではなく、こちらのことも考えてくれているんだ』と感じて、あとあとの関係が、とてつもなく強いものになるんだ。短期的には損かもしれないけれど、長い目で見たらみなみや東都銀行にとっても、大きなメリットになるよ」

みなみは、ぷ〜にゃんの教えを素直に実践してみた。すると、みなみに新規のお客さんを紹介しようと申し出てくれる顧客も出てきた。

「うちの取引先の家具メーカーが事業拡大のために工場移転を検討していて、必要経費の半分でも融資を受けられれば、即実行に移したいと言っている。だけどメインバンクは、もうこれ以上の融資は無理だと言っているらしい。決して業績の悪い会社ではないんだけどね。どう神無月さん、詳しい話を聞きに行ってみたら？　先方にはうちのほうから連絡しておきますよ」

というように、他の銀行のお得意さんである企業と新規取引を開始するきっかけがいくつももたらされた。

それとともに、みなみの成績は急激に伸びていった。よーしっ！

銀行員がイヤだったのがウソのように、みなみは段々と仕事が自分に合っているような気になってきた。

ある日、みなみのスマホの着信音が鳴った。電話の相手は、細山酒造の社長だった。

「先の融資の件では、こちらの希望額を満額通していただき、とても助かりました。おかげで、新商品もいい仕上がりになりましたよ」

「こちらこそ、本当にありがとうございます。ナオンのプライベートブランドの日本酒、たくさん売れるといいですね」

「ええ、飛ぶようにというわけにはいかないけれど、予想以上に売れていますよ。それでね、そのお礼にと言ってはなんだけど、ある人物を紹介したいと思っているんですよ。融資の相談に乗ってもらいたい。神無月さんなら信頼できるので、ぜひあなたに担当してもらいたいと思って」

「わあ、ぜひお願いします。お任せ下さい」

「頼もしいね。いや実はね、僕の友人にカフェを経営している男がいてね、今は主に信用金庫と取引しているのだけど、店舗を拡大していくにあたり、都市銀さんともおつきあいしていきたいと言うんだよ。それで、ぜひ、あなたを紹介しようと思ってね」

「細山社長、ありがとうございます。さっそくお目にかかって、お話をうかがいたいと思います。先方のご都合はいかがでしょうか。私からお電話を差し上げてよろしいでしょうか」

「うん、できるだけ早く、と向こうは言っているけど。神無月さんのご都合は？」

「私のほうはいつでもご都合に合わせます」

「そう、じゃ明日の午後2時でどうかな？　その時間ならカフェもランチタイムが終わって、ひと段落ついている頃だし」

さすがに経営者の動きは迅速だ、とみなみは感心した。

「はい、明日の午後2時にお伺いします。つきましては、お手数ですが先様のお名前とお店の場所をお教えいただけますか」

という運びで細山社長から紹介されたのは、サンライズ社の山口社長だった。

サンライズ社は現在都内に2店舗のカフェをオープンしている。店名は「カフェ・ピアチェーレ」といい、オーガニックの食事とコーヒー、そしてオーガニック生地でつくられたふんわり感のあるソファなどのインテリアで人気のお店だ。現在ある2店舗に加え、今後さらなる拡大を図るべく、まずは3号店オープンの準備を進めているとのことだった。

「カフェ・ピアチェーレ」を訪れ、みなみ自身、このお店がとても気に入った。雰囲気もいいし、食事もとてもおいしかった。山口社長の人柄についても好感を持った。40代半ばの肩の力の抜けた自然体の人で、社長自身がオーガニック素材でできているんじゃないかしらと思ったほどだ。

融資を検討するうえで必要な書類を預かり、銀行に戻ってじっくり検討してみたところ、経営状態は良好であることがわかった。

「これなら大丈夫。条件のいい融資を通してあげたい」。みなみは気合が入っていた。

休日返上で、みなみは、新店舗用の物件を探しに行くという山口社長に同行した。不動産会社の案内により、その日だけで5つの物件を見て回った。さらにみなみも通常の業務の合間に、マーケティング調査の一環として、よさそうに思える物件の周辺環境を調べてみた。銀行に備えてある資料を閲覧することもあったが、現地へ足を運んでみることのほうが多かった。

競合となる飲食店がどれくらいあるか。「カフェ・ピアチェーレ」と類似の店での客単価はいくらぐらいか。何回転くらいお客さんは入れ替わるのか。時間帯によって、男性客と女性客の割合はどう変化するのか。そうしたひとつひとつを調べていくのは時間がかかる。それでもぷ~にゃんが言うように、相手の立場に立って考えるとそうした地道な仕事も楽しく思えてきた。

マーケティングのプロのようなわけにはいかないが、みなみは「カフェ・ピアチェーレ」という店のファンの1人として、また都心で働く女性の1人として、生活実感に基づくマーケティングをしてみたいと意欲をかきたてられたのだ。

みなみは新しい店づくりのアイデア出しもした。

「お客さまがカフェに来る理由は、忙しい仕事の合間にホッとくつろぐことができて、心も体も元気になるためですよね？　だからこそ、オーガニックの食材を使った食事とコーヒー、そしてオーガニック生地でつくられたふんわり感のあるインテリアが人気を博しているのだと思います。それをさらに発展させて、新店舗では、オーガニック素材のランチョンマットやコースター、ハンカチといった小物を販売するコーナーを設けてみてはどうでしょう。夕方から夜の時間帯は、仕事を終えた後の気分転換に軽い食前酒なんかも欲しいですね。あとそれから、ディナーの後にエスプレッソを飲むと夜眠れなくなるという人もいますから、ご希望によっては温かいココアかハーブティーをお出しするというのも顧客サービスにつながると思いますけど」

すると山口社長は、「そのアイデアいいですね。オーガニック素材の小物っていうのは、女性のお客さんに喜ばれそうだ。それに、うちのお客さんは日々多忙なビジネスパーソンが多いから、エスプレッソの代わりにココアやハーブティーっていうのも、いいアイデアだね」と前向きに検討することを約束してくれた。

悪魔な上司

しばらくして山口社長から掘り出し物の物件が見つかったと連絡が入った。

「青山一丁目駅から歩いて4分、駅前の雑踏を離れた場所だから、わりと静かなんですよ。いやあ、僕のイメージにぴったりなんだな。閑静な街並みに溶け込むような、素敵なカフェになりそうだ。家賃も思いのほか安いから、改装費用を削らずにすみそうだし」

「それはよかったですね」

と2人で大喜びしたのだった。

ところが……である。

喜びも束の間。肝心の融資に、上からストップがかかったのだ。本店の融資部からは「特に問題なく通るだろう」と言われていたのに、融資審査の最終段階でなぜか突然はねられたのだと言う。

みなみは真っ青になった。融資部に直談判し、事情を確かめたかった。しかし、

「どうして急にダメになったんですか！」と迫ったところで事態が好転するとは思えない。みなみは融資部にいる同期の松本優馬《まつもとゆうま》をランチに誘い、探りを入れてみることにした。

『明日、本店に行く用事があるからランチしない？　融資の件でちょっと聞きたいこともあるし』

こうメールを入れると、即、返事が返ってきた。

『ＯＫ！　店はうちの銀行のビル近くのイタリアンでいい？』

次の日、指定されたイタリアンのお店に待ち合わせの時間より少し早めについて、外を眺めていると、優馬が小走りでやってきた。

「オッス！　今日、あんまり時間ないから、食べたらすぐ行くわ」

優馬は入行時の新人研修で同じグループのメンバーで、１週間まるまる一緒に過ごしたことから戦友のような感じで、たまに時間が合えば、ランチすることもあった。

「時間がないのに呼び出してごめん。最近どお？」みなみが聞くと、

「ボチボチかな。で、本題はいいの？　サンライズ社のことだろ？」

いたずらっぽい笑みを浮かべ、優馬は単刀直入に投げかけてきた。

説明によるとある程度予測できた内容だったが、優馬の話にみなみは怒りで思わず大声をあげそうになった。融資審査の最後段階を迎えようという直前に、藤田が案件審査をやり直したいと連絡してきたというのだ。

否決する理由として、サンライズ社が以前、メインの信用金庫の返済を数回滞納していたことが挙げられた。藤田は与信調査の書類を融資部長に持ってきたとのことだ。しかも藤田は、すでにサンライズ社の山口社長にあてて、融資お断りの連絡をしてしまったらしい。

「ひどい！」怒りに震えるみなみに優馬は、「やっぱり滞納はまずいよ。まだ、そこまで実績のある会社ではないし、今回は仕方ないよ」といってなぐさめてくれた。

時計を見る優馬に、

「先に行って！　お会計は私がしておくから」といって、みなみは席を立った。

「悪いな。じゃあ、今日はゴチになりまーす」と言いながら、優馬は片手を上げるジェスチャーをして、急ぎ足で店を後にした。

みなみはいてもたってもいられず、銀座支店に駆け戻ると、すぐにサンライズ社のファイルを取り出し、書類を確認してみた。確かに、返済は2度の遅れがある。しかし期日の2日後には入金されている。みなみは藤田に詰め寄った。

「滞納したといっても、恐らくはうっかりミスだったと思いますよ。期日に遅れても、すぐに入金されていますし、業績は伸び続けているのですから、ことさら問題にすることはないでしょう!」

しかし藤田も負けてはいなかった。

「神無月、なめた仕事してんじゃないわよ!」と、ドスのきいた声で一喝したのだ。みなみは一瞬ひるんだが、気力を振り絞って食い下がった。

「どういうことですか⁉ 今回の融資の件は、藤田課長にもきちんと書類を回して、判子ももらっていますよね」

「それは、この滞納の証拠となる与信調査が添付されてない状態だったからよ。この結果があれば話は別」

「だからといって、担当である私に何の話もなく、勝手に断りの連絡をするなんてひどくないですか！　山口社長に合わせる顔がありませんよ！」

「新規の案件は徹底的に調査しなくてはいけないのよ！　なのにあなたは何を血迷ったか、ゆるい調査で通してしまおうとしたでしょ。だからこんなことになったのよ！」

「………」

「先方には、ただ融資をお断りしただけじゃないわ。いたらぬ部下のせいでご迷惑をおかけし、大変申し訳ないことをしてしまいましたと、お詫びまでしたんだからね！　部下の不始末は上司である私の責任になるのよ」

藤田の甲高い声が響き渡った。みなみは反論できず、ただ唇を噛みしめるしかなかった。

ぬいぐるみがしゃべった！

みなみは家に戻るなり、バッグを放り出して服のままベッドに倒れ込んだ。

自分のやったことはすべて無意味だったんだ、ただただムダな時間を過ごしてしまったんだ、それにしても自分を信じ、任せてくれた山口社長と、紹介してくれた細山社長に申し訳ない、みなみは溢れ出る涙を抑えられなかった。

「もう死んじゃいたい！　こんな生活イヤだー　明日、退職届を出してやるー」とみなみは顔を涙でグチャグチャにして部屋の中で1人叫んだ。

「まだやめるのは早いプー！」

部屋のどこからか声がした。みなみは驚いてあたりを見回した。

「誰？？」

みなみはベッドから飛び上がり転がり落ちそうになった
するとあの拾ってきたネコのぬいぐるみと目が合ってしまった
「え、えー！　やだ、私夢見てるの？」

「夢じゃないよ。みなみはちゃんと起きてるよ」

ぬいぐるみがしゃべった。

「ヤバイっ、疲れてるのかな」

みなみは布団を頭から被《かぶ》った。

「大丈夫だってば！　しっかし、まあキミたち地球人はすぐにクヨクヨするんだな～。すぐ死にたいだのやめるだのといってグチばっかりだなプ～」

みなみは被った布団の下からおそるおそるぬいぐるみを見た。

ネコのぬいぐるみは確かにみなみの目の前にいて、何やらうれしそうにニコニコしている。

「ホントに、私、頭おかしくなってない？　悪夢？」

「キミたち地球人はホント疑い深い生き物なんだなあ。これで信じるのだプ〜」

と言ってそのぬいぐるみはみなみに飛びかかり、ほっぺたをギュッとつねった。

「痛〜い！」

みなみは心臓が飛び出そうになった。

「おばけ〜〜」

思わず叫んだが、ネコのぬいぐるみは目をクリクリさせて言った。

「いいから聞くんだプー！　キミたち地球人は、いずれはみんなこの世から消えてなくなる運命というもっとも重要な事実から目を背《そむ》け、有限の生命の中で、ほんの一瞬の出来事に一喜一憂している。そして自分の思い通りにならないとすべては周りが悪いんだと決めつけ、自分ほど不幸な存在はないかのように思い込み、そのたった1つの事実に生活すべてが囚われてしまう。みなみの今抱えている悩みなんてたいしたことなないんだ。そもそも自分にはまったく反省すべき点や学ぶことはないのかい？　少なくとも元気で働けているだけでも感謝すべきじゃないのかい？　当たり前のことを当たり前だと思っていたら幸せな生活など永遠に来ないのだプ〜！」

「なによ、えらそうに。プープーうるさいわよ！　そもそもあんた、一体どこから来たの？」

みなみは枕をそのぬいぐるみに投げつけようとベッドに仁王立ちになった。

プラットフォーム星

「まぁ落ち着いて！　僕から見れば、そっちこそ宇宙人だプ〜。でもまあ、キミたち地球人の立場に立てば僕も宇宙人ということになるのかもしれないけど、正確には僕は『プラットフォーム星』から来た『ぷーにゃん』だプ〜！」
ぬいぐるみは顔を真っ赤にして言った
「プラットフォーム星？」
「そうだよ。プラットフォーム星は、幸せ度１００％の星だよ。プラットフォーム星の住人はみんな、自分の得意なこと、強みを活かせることを仕事にして、弱みを補ってくれる人と協力し合っているんだ。1人で悩まずに、周りのみんなの力を借りて、みんなが幸せになっていくのがプラットフォーム星人の生き方なんだ。ひと言で言えばプラットフォーム星人は『プラットフォーム戦略』で生きているんだ」

「はぁ? プラットフォームって、駅にある、あのプラットフォームのこと?」

「駅にあるのもプラットフォームだけど、人が集まる〝場〟のことをプラットフォームと言うんだ。プラットフォーム戦略っていうのは、簡単に言うと、〝場づくり〟ってことなんだプー」

「場づくりねぇ。今いちピンとこないけど……。っていうか私のところに何しに来たのよ!」

「僕たちプラットフォーム星人は1人で頑張っているけどうまくいかない、と悩んでいる人の怒りや悲しみを救うために〝場づくり〟の戦略を教える普及活動をしているんだ。僕、ゆるキャラでしょ。地球では、ゆるキャラがウケてる日本だったら、広まるのも早いか

な〜って考えてやってきて、結構な数の日本人に指導してきたんだ。みなみは自分の殻に閉じこもって、今の自分をすべてダメにしちゃいそうだったから、僕が現れたんだプー。これから色々とアドバイスしてあげるから、しばらくは僕の言うこと聞いてみるといいのだプー！」

「なんで、あんたみたいな奇妙な、ゆるキャラの言うこと聞かなきゃいけないのよ。私はね、悪魔のような上司に邪魔ばかりされて、手も足も出ない状態なのよっ。もうやめる。会社なんてやめるっ！」

みなみはぷ〜にゃんに枕を投げつけた。ぷ〜にゃんはひょいと身をかわして言った。

「まだ、早すぎるのだプー！」

「へ？　早いって何が？」

「みなみは銀行の仕事について、どこまで知っているのだ？　仕事の楽しさも、やりがいも、まだほとんど知らないのではないかい？　前にもやめたいと騒いだことがあったろうプー！」

「だって、つらいんだもん。私なんか、誰からも必要とされていないのよ、認めてもらえないのよ。それどころか嫌われて、意地悪されて……」

みなみの手にポトポトと涙が落ちた。

「でも、銀行の中に居場所がなくて、心の拠り所もなかったけど、外に目を向けて新しい世界を知ったら、営業の仕事も楽しいと思えてきたところだったんじゃないかいプー?」

「でもそれもつぶされた……。ハーッ」

みなみはため息をついた。

「ため息をつくと幸せが逃げちゃうんだプー！　そもそも融資が通らなかったのは、課長のイヤがらせだけが原因なのかな?　みなみが今の仕事にもっと詳しかったら、返済の遅れがあったことも含めてマイナス材料を片っ端からつぶしていくこともできたんじゃないのかな?　もっと銀行の中に色んな協力者を得られていたら、融資の件だって、結果はまた違ったものになっていたかもしれないんじゃないの?　まだまだ勉強が足りないのではないかい?　自分1人で何もかも抱えようとせず、人の力を借りるといいんだプー！」

ネコのぬいぐるみはひょいとみなみの手の平に乗った。

「銀行内部の人間関係にとらわれずに、外の世界に目を向けろって言いたいんでしょ。夢の中でもそんなこと言ってたよね。だけど、ただ外を見ているだけではダメで、内側にも目を向けて協力者をつくらなければダメって、ほんとめんどくさい」

「銀行内でも先輩の岡田、同期の麻美や優馬とか力強い友だちもいるじゃないか。もっと協力者を広げていけばいいよ。大学時代は合コンの幹事ばっかりやってただろ。それで彼氏も見つけちゃって……。プププ。銀行内でも飲み会の幹事やればいいのにプー」

「ねえ、あんた、ずいぶん私のこと知ってるわね。ちょっと、なんで過去のことまで知ってるの？」

「それは、事前にみなみのパーソナルプロフィールを早送りで見たからだよ」

「うわっ、やだ。なんで？　個人情報ダダモレじゃない」

「ごめんごめん。でも、相手のこと知らなきゃ正しい指導はできないからね。ところでみなみ、今の職場で楽しかったこと、うれしかったことって何だい？」

みなみは、預金をしにやってきたお客さんから初めて「ありがとう」と言われたときのことを思い出した。あのとき、「こんな私でも人の役に立っているんだな」とうれしくてたまらなかった。

営業に移ってからはイヤなことばかり続いたけれど、お客さんから頼りにされ、新たな顧客を紹介してもらったり、お客さんと一緒に物件探しをしたりしたときはものすごくうれしかった。営業の仕事ってこんなに楽しいものなんだって思えた。

でも、あんなに期待されていた融資を通せなかった。結局、私は何の役にも立たなかったのだ。このままじゃダメだ。もっと力をつけたい。でも、どうすればいいの？

みなみは涙がこぼれないように天井を見上げた。

「お～いみなみ！　色々と考え過ぎだよ。僕の話をちゃんと聞くんだプー」

「えっ⁉　あんたあたしの頭の中の言葉もわかるの？　わかったわよ。聞いてあげる」

みなみは手の平のぷーにゃんの頭をなでた。

職場での流儀

「人生、たとえ回り道をしてもムダなことなど何ひとつない。後ろを向いてさえいなければＯＫなんだプー」

「つまり、頑張らないでがんばる！　ってこと？」

「そうその通り！　新しい職場では、最初の3カ月はただ黙っていればいい。周りのみんながどんなふうに仕事を進めているか、見せてもらうことが先決だからね。4カ月目からは少しずつ発言の機会を増やしていくといいけど、少なくとも1年間は、自己主張をするよりもまず、職場のルールや先輩のやり方を習得することが大事なんだ。2年目になったら、自分のやり方を打ち出すようにする。3年目には、自分の積み上げてきた実績をもとに、周りの人を巻き込んでやってみる。自分の本当の実力を発揮できるのは、3年目からっていうことだプー！」

「だけどみなみは、営業の仕事は2年目だろ。まだまだヒヨッ子だプー！」

「私、もう3年目よ！」

「うるさいわね、ゆるキャラのくせに！」

「会社はとことん利用するって考えたほうがいい。今の会社にいるからこそできることはたくさんあるはず。もし今の仕事をやめるなら、もうこれ以上はここで学べることはない、尊敬する人がいないと言えるようになってからだプー！」

「営業成績はまだまだだし、もう少し大きな規模の会社の融資も経験したいし……。まだ銀行でも学べることはありそう！」

みなみの中で会社をやめようという考えは消えていた。

謝罪

翌朝、みなみはスッキリと目が覚めた。

みなみの隣りで寝ていたぷ〜にゃんは、いつの間にか先に起きてコーヒー牛乳を飲んでいた。

「おはようプー！」

「おはよう！　あなた食事はどうするの？」

「コーヒー牛乳だけでいいんだプー」

「えーっ、それだけで平気？」

「コーヒー牛乳さえ飲めば、すぐにしゃきっとなるのだプ〜！」

「ふーん、変わった子ね。まっ、宇宙人だから地球人の私たちと違うのは当然か」

みなみはすばやく着替えて足早に階下へ降りて行った。

「パン焼こうか？」

リビングでテレビを見ていた母が台所にやってきて言った。

「まあ、不気味なブタのぬいぐるみね」

みなみが手にしているぷーにゃんの頭を軽く叩いた。

「イテッ！　ブタじゃない！」

思わずぷーにゃんが叫んだ。

「えっ⁉」

母は一瞬驚いたがみなみはあわてて「イテッ！　ブタじゃない！」とぷーにゃんのマネをして同じセリフを言った。

「あはは、腹話術？　朝からおかしなことするわね～」

母は不思議そうな表情を浮かべながら、みなみをのぞき込むように見た。

「ハハハ」みなみは空笑いでその場をごまかした。

「さて、それじゃあママは洗濯物でも干すかな」と言って、母はキッチンを出ていった。

みなみはぷ～にゃんにそっときいてみた。

「あなた、この後どうするつもり？」

「僕は、体の大きさを自由に変えられるから、バッグに付けてくれたら一緒に銀行へ行くよ。みなみが仕事をしている間もずっとそばにいる。徹底した個人指導が僕のポリシーなんだプー！」

ぷ～にゃんは、みるみる体を縮めていった。そして、神社のお守り札ぐらいの大きさになってしまった。みなみは目を丸くして見ていたが、

「まっ、いっか。もう何が起きても、あんまり驚かなくなっちゃったよ」

とつぶやきながら、書類バッグの持ち手にぷ～にゃんをぶら下げた。


通勤の電車の中で、みなみはサンライズ社の山口社長にどうお詫びしようかと迷った。

するとぷーにゃんが言った。

「できる人は、問題が発生したらすぐに会いにいくのだ。できない人はメールや電話ですませちゃう傾向があるんだ。インターネット全盛時代だからこそ、リアルに会うことが貴重なんだプー」

声にならないくらいの小さい声だがはっきりとみなみには聞こえた。

「わかった！　すぐに謝りに行くわ」

みなみはそう言って、すぐに山口社長のもとに出向いた。


山口社長はみなみを見るなり笑顔で言った。

「新店舗の件では、本当に世話になったね。僕1人では、とてもあそこまでできなかった」

みなみは山口が怒っていないことにかえって後ろめたさを感じた。

「いえ本当に申し訳ございませんでした。融資が通らないんじゃ意味ないです。本当にごめんなさい……」

すると山口社長は、

「とんでもない！　こちらこそ申し訳なかった。融資の件は解決しましたよ。メインの信用金庫さんが貸してくれたんですよ」

「え？」

みなみは驚いて聞き返した。

社長の話によると、東都銀行の融資話が進んでいることを聞きつけたメインの信用金庫から、「ウチを使って欲しい」との売り込みがあったそうだ。どうやらメインの地位が東都銀行に奪われそうだ、と危機感をおぼえたようだ。審査もスムーズに通り、全額融資してもらえることになった。

「結果的に神無月さんに相談したことが正解だった。東都銀行さんに話をしていなかったら、メインの信用金庫さんからも融資を受けられず、この話はポシャッていました。そういう意味では神無月さんに感謝しています。本当にありがとう」

「いえ、結果的にそうなったからよかったものの、東都銀行として御社の資金ニーズにお応えできなかったことは間違いありません。私の努力不足です。ご迷惑をおかけしました」

「いやいや、神無月さんには、すまないことをしたと思っている。ずいぶん前のことだったからすっかり忘れていたけれど、過去に返済が遅れてしまったことがあった。わずか数日とはいえ、滞納したことは事実ですから。そのせいで、あなたにも恥をかかせてしまったんじゃないかな」

「いえ、そのようなことはありません。こちらこそ本当に申し訳ない気持ちでいっぱいで……」

「僕は店舗をもっと拡大して、信用度の高い会社にするつもりだから、いずれまた相談に乗ってくれますか？」

「もちろんです。私もこれから一生懸命に勉強して、御社の夢を叶えられるような銀行ウーマンになります」

「うん、お互いがんばりましょう。……ところで、あなたのバッグについているそのブタみたいなぬいぐるみ、可愛いね」

「え？　あ、あの、これは」

　みなみが口ごもっていると、

「こんにちは～プー！」

　ぷーにゃんが声をあげてしまった。

　みなみはあたふたしながらも、

「あはは、この子の体に触ったり揺らしたりすると、こんにちは～なんて言って反応したりして。つまり、その、電池で音声を発しているんですよ」

「こんにちは〜、こんにちは〜プー！」

調子に乗ってしゃべり続けるぷ〜にゃんの口を押さえつつ、みなみは「それでは社長、今日はこれで失礼いたします」と告げ、猛ダッシュでその場を去った。


山口社長と直接話ができたことで、みなみは一気に肩の荷が下りた気がした。

「やめなくてよかったプ〜！」

ぷ〜にゃんがバッグに揺られながら話しかけた。

「そうね、思い切って会いに行ってよかったわ。私もっと勉強する。それはそうと、あんた勝手にしゃべらないでよ。みんなびっくりするから」

「わかったよ。でもぷ〜にゃんもたまにはしゃべりたいんだ。ていうか、みんなブタっていうのがムカツクプー！」

「ん〜じゃあ、録音テープを再生するみたいに、こんにちは〜とか、さようなら〜とか、ひと言ふた言だけなら話してもいいよ。ただし、私が許可したときだけね」

みなみはぷ〜にゃんの頭をなでなでしながら、やさしく諭した。

場づくり

仕事帰りみなみは、行きつけのマッサージ店「サロン・ド・リバティ」に立ち寄った。

仕事で頑張って少し成果を出せたときや「自分で自分を褒《ほ》めたい」と思うときには、必ずこの少し高くても上質なマッサージサロンに来ることにしている。この日は、60分のオイルマッサージをお願いしていた。

「こんにちは。体調はどうですか？」

「サロン・ド・リバティ」のオーナーである浦田さんがいつもの笑顔で迎えてくれた。彼女は、50代だが30代にも見えるスレンダー美人。笑顔を絶やさない素敵な女性だ。

街によくある「15分マッサージ」などよりは少々値が張るが、コリを確実に見つけ、丁寧にほぐしてくれる。予定の時間を過ぎても、コリがすっかりなくなるまでマッサージをしてくれるというサービス精神もみなみはたいそう気に入っている。

浦田さんは、お客の体に手を触れただけで、体調のよし悪しをピタリと言い当てるのだからすごい。「今日はお腹の調子悪いんじゃない?」とか、「今日はよく歩いたんでしょう、脚の筋肉がいつもより張ってパンパンよ」というように、ひとりひとりの体の調子をきちんと把握し、わかりやすく説明しながら、マッサージをしていくのだ。

「自分の仕事が大好きで、誇りを持って仕事をしているんだなあ」

とみなみはいつも感心し、うらやましいとも思っているのだった。

この日も浦田さんは、みなみの体に触れながら、「やっぱり肩がこってるね」「腰にもきてるね」とコリをもみほぐしていく。

あー気持ちいい。痛気持ちいいタッチが最高だ。

このサロンでは、マッサージだけでなくアロマテラピーコースもあり、アロマのよい香りが店じゅうに漂っている。自宅でアロマを使用したい人のために販売コーナーも設けられている。

また、週に3日は、漢方専門の薬剤師が来て、体質改善の相談と漢方の販売も行っているのだ。みなみも冷え症の改善のため、こちらで定期的に購入して飲んでいる漢方の効果か、最近はだいぶ冷えがなくなってきた。

さらに週に1日、占い師も来て、希望者には格安でタロット占いをしてくれる。みなみも何度か占ってもらったことがある。

「サロン・ド・リバティ」は、美容、健康、占いと女性誌に掲載されている記事がそのまま飛び出してきたような店なのだ。ここに来ると体はもちろん、気持ちも元気になって帰れる。だからリピーター客がものすごく多く、待合室で顔見知りになり、雑談をする常連さんたちもいるのだ。

マッサージを受けながら、この店のやっていることって〝場づくり〟っていうのかな？　とふと思った。みなみは、ぷ～にゃんにきいてみようと思い、ダメ元で念力による会話にチャレンジしてみた。

「このお店は〝場づくり〟をしてるっていうのかな？」

驚いたことに、ぷ～にゃんがすかさず念力で返してきた。

「そう！　これがプラットフォームなんだ。1人で頑張るんじゃなくてみんなで頑張ることで、最高の場をつくり出して、お客さんにも色々楽しんでもらうことができるわけだね。そしてみんながハッピーになるんだプー！　実は、この店……」

ぷーにゃんは言いかけてやめた。

「なによ、言いかけてやめるなんて。まあいいけど。これがプラットフォームなのね。私、自分が本当は何をやりたいのか、まだよくわからないの。でもこのお店に来るたびに、誇りを持って仕事をするのって素敵だな、私もそんな最高の仕事をしたいな～と熱い気持ちが湧いてくるんだぁ」

「そういう気持ちは大切なんだ。自分が憧れる人やなりたい人がいるならば、物理的にもその人の近くに行くことなんだ。作家になりたければ作家や編集者の集まるところに行く、お金持ちになりたければお金持ちがいるところに行く、起業したいなら起業している人の近くに行くことだよ。キミたち地球人は環境に影響されやすい生き物なんだ。だからある人がどんな人かは、その人の周りにいる人を見れば大体わかってしまうものなんだプ～！」

「私が今マッサージをしてもらいながら味わっているような気持ちよさを、私も人に与えられるようになりたいな。そういう仕事を見つけたいっ。ぷ～にゃん、これからも色々アドバイスしてくれる？」

「もちろんだよ！　みなみ自身が居心地がいいと感じる自分の〝場〟をつくって、自分の好きなこと、得意なこと、人に必要とされることを仕事にしていくといいんだプ～！」

「好きなこと、得意なこと、必要とされること……かぁ～。なんだろうなぁ～」

みなみは極上の気分でマッサージを受けながらいつの間にかウトウトとしてしまっていた。

帰り際に料金を支払うとき、レジの横に「頑張らないで、がんばるのだプー」と書かれ、ネコの肉球が押された色紙が立てかけられているのが見えた。

もしかして、この店って……。ぷーにゃんが言いかけてやめた言葉の続きをみなみは想像してみた。

会社はとことん利用する。
今の会社にいるからこそ、
できることはたくさんあるはず！

第3章

人生は有限

彼氏といえど他人

久しぶりの休日、みなみは彼氏の淳に会いに出かけた。といっても、彼が誘ってくれたのではなく、みなみのほうからアパートに押しかけていったのだ。

「お昼前には行く」と電話で言ってあったのに、淳はまだパジャマ姿のままでコーヒーを飲んでいた。

「おまえも飲む？　インスタントだけど」

「いらない。それよりもせっかくいいお天気なんだから、どこか遊びに行こうよ」

みなみは努めて明るい声でそう提案した。けれど淳は、「疲れた」「かったるい」「めんどくさい」を連発するばかりで、着替えようとする気配すらない。

みなみは思わず溜息をついてしまう。

今のみなみは、ひょんなことからぷ〜にゃんと出会い、とりあえず今自分の目の前にあることに集中して、自分ができるベストのことをしていこう、と心に決めていた。みなみが前向きになるにしたがい、仕事は少しずつだが好転していっていた。みなみを応援しようと言ってくれる顧客も何人か出てきたおかげで、以前よりずっと仕事の楽しさも感じはじめていた。そんな自分の変化を伝えたいこともあって、会いにきたのだが、淳は相変わらずだった。

「ねえ、淳、私、淳と一緒に行きたいところがあるの。仕事でお世話になった社長さんが、とっても素敵なカフェをオープンしたから、そこでご飯食べない？」

「おまえが物件探しを手伝ったっていう、青山のカフェのこと？」

「そう！　お店が完成して、オープンしたばっかり。すっごくオシャレなの。ホームページ見て！」

みなみはスマホを取り出し、カフェのページを開いて淳に見せた。

すると淳は「イヤだよ、こんな高そうな店。俺の給料、知ってるだろ？」と不機嫌に言った。

「たまの休みなんだから、このくらいいいじゃない。1000円でこんな豪華なランチ食べられるんだよ！」

「俺は弁当男子だぞ。ランチで1000円なんてあり得ない」

「じゃあ、私がおごるわよ」

「高給取りはいいよな……」

淳はふてくされてイヤミを言った。

「なんなのよ、もう！　私が頑張って仕事してご縁のできたお店なのよ。そんな言い方しなくたっていいじゃない！」

みなみはとうとう我慢しきれなくなり、大声を出してしまった。しかし淳は面倒くさそうにみなみを見て、それから天井を見上げながら大きなあくびをしていた。

「ねえ、頼むから少しは前向きになってよ」

「なんだよ、それ？　俺は金も能力もなくてイジイジしてるって言いたいワケ？」

「別に、そこまでは言ってないよ」

「言ってるよ。おまえは突然仕事に目覚めちゃって、前を向くようになったんだろ？

俺にも見習えって言いたいんだろ？　うざいよ」

「そんな……。ちょっとしたことがあって、考え方を変えてみたの。そうしたら、世界が変わって見えて、元気になれたと思う。だから淳にも元気になって欲しいの」

「ほんと、うざい。自分が変わったからって俺にも強制するなよ。行きたいなら１人で行けば？」

淳は吐き捨てるように言うと、万年床にゴロリと横たわり、テレビをつけた。無精《ぶしょう》髭《ひげ》を生やし、昼過ぎまでパジャマを着たまま、つまらないテレビを見てだらだらしている男。なんとも情けない現実を目の当たりにして、みなみはさみしい気持ちになった。

大学時代にはプロのミュージシャンになるという夢を持っていて、みなみの話だっていつもじっくり聞いてくれた。やさしくて礼儀正しくてどこに出しても恥ずかしくない、自慢の彼氏だったのだ。

ところが、ミュージシャンになる夢を叶えられず、いやいや仕事をしているせいか、いつも疲れていて覇気がない。夢も希望の欠片《かけら》もない。もうみなみが何を言っても話につきあってはくれないし、自分からは「会いたい」とも言ってくれない。

もしかすると淳の気持ちはもう自分にはないんじゃないか？　他に誰かいい人がいるのかな？　とみなみは眉間にしわを寄せながらぼんやりと考えていた。

みなみとしても、淳のことが嫌いになったわけではないけれど、同じ部屋にいながら、会話のない時間を過ごしていると、淳が急に遠い世界の人になりつつあるような気がした。「自分とは違うのかも……このまま別れても仕方ないか」そんなことを思っていた。

仕方なくみなみは淳を部屋に残し、1人で青山のカフェへ向かった。駅へ向かう途中、突然ぷーにゃんがささやいた。

「淳はネガティブワードばかりだったねプー!」

「えっ? ネガティブワードって?」

みなみは怪訝《けげん》そうに聞いた。

「キミたち、地球人、つまり人間の脳は言葉によって影響を受ける生き物なんだ。そして自分が発した言葉にも自分はコントロールされてしまうんだ。たとえば、人の悪口ばかり言っていると、脳は自分の悪口を言われたと思ってしまうんだ。疲れたとかもうダメだとか行動を否定する方向に向かわせることをネガティブワードというんだ。できる限りそういった言葉を発しないことが、元気でいるためにも重要なんだプー!」

ぷーにゃんは得意そうに話した。

「そうなんだ~。確かに最近、私は会社やめたいとか、藤田嫌いとかそういう言葉言わなくなった気がする。それにしてもなんでこうなっちゃうんだろ。やっぱり、もう淳とは別れたほうがいいのかな」

とぼとぼ歩きながら、みなみはさっきの淳の言葉を思い出していた。

「ちょっと前まで、みなみだって死にたいとかやめたいとか言ってたじゃないか。淳だってあの頃のみなみと同じなんだよ。むしろ、みなみが先に走りはじめたような気がして焦っているのかもしれないよ。彼氏だって所詮は他人。他人は自分の思い通りにならないほうが当たり前。人間という生き物は、他人にこうしろと言われると逆のことをしたくなる生き物なんだ。みなみだって親から勉強しろ勉強しろって言われたら勉強する気にならなかったんじゃない？　大切なことは本人が自分で気が付いて、その気になるまで時間をかけるしかないのだプー！」

ぷーにゃんはますます饒舌《じょうぜつ》に語った。

「ゆるキャラに恋愛のことまでいろいろお説教とか口出しされたくないわよ！」

みなみはむきになって反論しながらも、心の中でぷ〜にゃんの指摘は図星だと思っていた。すると、スマホに1通のメールが届いた。いとこの木田雅美《きだまさみ》からだった。

いとこの病気

みなみと雅美は歳が一回り離れているが、共に一人っ子だったせいか、お互いの家を頻繁に行き来しては、まるで姉妹のように育った仲だ。2人は歳の差など意識することもなく、「雅美ちゃん」「みなみ」と呼び合って、親にも友だちにも話せないようなことまで打ち明け合う仲だった。

「あら雅美ちゃんからメールだわ！」。みなみは立ち止まってメールを読んだ。

〈雅美からのメール〉

みなみ、私は今、青葉台病院に入院しています。3日後に手術をすることになったの。

実は私、乳がんなの。右胸のしこりに気づいたのは、1カ月くらい前。あわてて病院へ行って精密検査をしたら、結果は悪性、つまり乳がんでした。そして、お医者さんといろいろ相談し、右乳房切除の手術をすることに決めました。

みなみには手術のこと、知らせておこうと思ったの。心配かけてごめんね。

みなみはその場に立ち尽くした。

そんな……。まだ30代なのにがんだなんて……。

雅美は子ども時代から絵を描くことがとても上手だった。それは大人になった今も変わらず、みなみの誕生日には必ず、プレゼントとして似顔絵を描いてくれる。みなみはそれを自分の成長記録として、すべて大事に保管してある。

昔から自分が何をやりたいのかよくわからなかったみなみと違い、雅美は中学生の頃にはすでに、「将来は絵を描く仕事をする」と明確な夢を抱いていた。雅美はその夢に向かってまっすぐに進んだ。中学、高校時代を通して絵画教室に通い、その後は美大に行き、みっちりと習練を積んだのだ。

そして現在、雅美はイラストレーターとして事務所を設立して、生計を立てている。有名な食品メーカーの広告イラストを手がけたり、雑誌に署名入りでイラストが載ったりもしている。そんな雅美の活躍ぶりを、みなみはいつも羨望の眼差しで見ていたのだった。

「雅美ちゃん……」

みなみはすぐにスマホでメールに書かれてあった青葉台病院を検索し、カフェ行きをやめて、病院へ向かった。

戦士の休息

雅美が入院していたのは、渋谷区内の総合病院だった。みなみは受付でいとこの名を告げ、入院している部屋の番号を教えてもらった。

日曜日なので、お見舞いに来ている人が多い。患者さんたちもパジャマにガウンをひっかけた格好で、院内のあちこちを歩いたりしている。

「あれ？　なんだか、みんなけっこう元気そうだな。あれでパジャマを着ていなかったら、患者さんかどうかわからないぐらい」

みなみは、院内の雰囲気が意外にも明るいことに驚きながら、雅美の病室を探した。

「あった！　木田雅美って名札が出ている。あと3人、名前が出ているから、4人部屋なのね。なんて言えばいいかな……」

みなみは、おそるおそる病室に入っていった。

室内にはベッドが4台あり、天井付近から床まで届く長いカーテンで仕切ってプライバシーを確保できるようになっている。しかし今は、カーテンは大きく開け放たれ、4人の顔が丸見えだった。みなベッドの上に半身を起こし、何かおしゃべりしていた。

「あら、みなみ、来てくれたの⁉　メール読んで、びっくりしたでしょ」

と雅美は笑っていたが、その顔にいつもの精彩はなかった。

「具合どう？」

みなみはなぜか小声になってしまった。

雅美と同室の3人は、気を利かせてくれたらしく、おしゃべりを中断した。ベッドサイドのテレビをつけてイヤホーンを耳にあてる人、読書をはじめる人もいた。もう1人は部屋の隅から椅子を運んできて、「ここに座るといいよ」と勧めてくれた。

みなみは椅子に腰かけて、「具合どうなの？」ともう一度きいた。

「う〜ん、正直言って、体調はあまりよくないけど、悪いものを取り除いてしまえば、元に戻るんじゃないかな。主治医の先生も、術後はちょっと体がつらいだろうけど日に日によくなるって言ってくれたし……。乳がんになったといっても、まだ初期の段階だって言われてるから、命に関わるほどではないしね」

「強いなあ、雅美ちゃんは」

「いざとなれば、人はみな強くなれるんじゃない」

「だけど、いきなりこんなことになったら、誰だって驚くよ」

「私も驚いた。なんで私が、って怒りも覚えた」

「雅美ちゃんは夢一直線で頑張りすぎたから、この辺で少し休めって、きっと神様がそう言っているんだよ。ここで休んでおけば、これからもっともっといいことあるよっていうサインじゃないかな」

みなみは少しでも雅美を元気づけたい思いで、そんなセリフを口にした。ところが雅美は、「夢一直線か……」と力なくつぶやくのだった。そして、「私の夢ってなんだったんだろ」と言った。

「え？」

みなみは思わず聞き返してしまった。雅美ほどはっきりとした夢を持ち、夢を実現してきた人はいないと思っていたのに……。

「大学を出てからずっと、がむしゃらに働いてきたなあ。いつか独立して自分の事務所を持ちたいと思って、2年前、35で実現したんだよね。でもいつの間にか、大事なことを忘れていたみたい」

「大事なこと？」

「最近の私は、少しでもお金がたくさん貰える仕事を取ってきて、1点でも多く頼まれ仕事をやっつけようと焦っているだけだった。作品が掲載された見本誌が送られてきても、封さえ切らないよ。自分がどんなものを描いてきたか、半分も覚えていない」

雅美は病室の角の暖房器具を見つめながら何か言葉を探っているようだった。

「私、好きなことがいつの間にかお金のためになっちゃったの。そうしたら息抜きすることが何もなくなってしまったの……」

「私は雅美ちゃんの描く絵を見ると楽しい気分になる。雑誌とかに出ているのを見ると、私まで誇らしくなるよ」

「ありがとう。そう言ってもらえると少しは気がラクになる。考えてみると、みなみに似顔絵を描いて喜んでもらえたことが私の原点なのかもしれないね」

「原点？　私が？」

「そうよ。みなみは毎年、私の描いた似顔絵を大切にとっておいてくれるでしょ。それを見て、あるとき気づいたのよね。私は人に大切にされる絵が描きたくてイラストレーターになろうと思ったんだって。そしてプロとしてちゃんとやっていくために自分の事務所を開いたのに、いつの間にか、手段と目的が逆転しちゃった。最近は特にそう。事務所の経費を捻出するために、流れ作業のように筆を動かしているだけ」

「それは、事務所を運営していくためには仕方ないことじゃない？」

「ううん、そうじゃない。初心を忘れたら、プロとして失格よ。今の私は、うまいでしょ、すごいでしょ、って叫んでいるような絵ばかり描いている。みんなに大切にされ、可愛がってもらえる絵を描きたいと言いながら、人の思いを大切にしてこなかった」

「でも、今は病気なんだから、そこまで深く考えることないよ　ゆっくり休んで！」

「病気になったからこそ、考えちゃうの。好きな絵が描けるって本当にありがたいことだなあ、生きて仕事をしているってすごいことだなあって。病気になるまで、そういう大切なことに気づかなかった。時間というものには限りがあるんだよね。限りある時間の中で、自分は何がしたいんだろう、何ができるんだろうって、真剣に考えるようになったよ。だから1日でも早く、病気を治したい。もう一度、自分の納得のいく仕事がしたい。それもできずに死んじゃうなんて、私は絶対にイヤ」

雅美は胸の内をはき出すように明かすと、ベッドの脇に設置されている戸棚の引き出しからクロッキーブックと鉛筆を取り出した。

「手術が無事終わったら、また似顔絵描かせてもらえる?」

そのひと言にみなみは胸を衝《つ》かれた。涙があふれ出そうとするのをこらえて、「もちろん」と答えるのがやっとだった。

天職って?

病院から青山のカフェへ回る気になれず、みなみはそのまま帰ることにした。足取りは重かった。まだ初期とはいえ、37歳の雅美のがんが他に転移しないのだろうか、みなみは不安になった。

今まで当たり前のようにお茶して、雑談していた雅美がこの世から消えてしまうかもしれないのだ。命は永遠ではないことを強く感じ、怖くもなった。そして、「限りある時間の中で、自分は何がしたいんだろう、何ができるんだろう」とつぶいていた雅美の真剣な顔が頭から離れなかった。

夕日に赤く染まりはじめた空を見上げて大きく深呼吸を1つすると、ぷ〜にゃんが話しかけてきた。

「雅美さん、手術が成功するといいな！　でもキミたち地球人には有限の生命しかないって前に言ったよね。限りある命であることを日常の中で忘れてしまっている人がほとんどなんだ。日々の苦しいことや悲しいことなんて、ほとんどは後から思えばどうってことない些細《ささい》なことなんだプー！」

「うん、やっとその意味が実感としてわかった。でも自分が将来どうなるか、考えてみるのも恐くなっちゃった。今はとりあえず健康で、仕事もまあうまくいきだしたけど、この先はどうなることかどんどん不安になってきて……」

「誰でもみな同じように不安なんだ。自分はこうなりたいという、はっきりした姿を思い描く、つまり自分の将来のビジョンを持つと、毎日毎日がとても大切な時間だということに気が付くんだプー！」

「私、本当はどうなりたいんだろう。何がやりたいんだろう……。いくら考えてもわからないの。もしCAになっていたとしても、やっぱりどこか違うと感じていたんじゃないかなっていう気もするし、人と接することは好きだけど、営業の仕事にすごく向いているというほどでもないでしょ。結婚する人とは〝運命的な出逢い〟でなんて言うけど、仕事にも運命的な出逢いなんてあるのかなぁ」

「ふふっ。仕事も運命的な出逢いがあるよ！　運命の仕事、つまり、天職は探して見つかるものじゃないからね。大事なことは、こんなふうになりたいなあってイメージすること。『好きなこと』『得意なこと』『人から必要とされること』、この3つの重なりあうことこそ天職なんだけど、なかなか出逢わない人がほとんどなんだプ〜」

「天職？」

「うん、天職とは具体的には、その仕事をしていると時間を忘れるほどに没頭できて楽しくて仕方ないと思うような仕事さ！　なりたい自分をイメージし続けていると、ある日、そんな瞬間に出逢うんだプー！」

「天職かあ。そう、私が見つけたいのは楽しくて、やりがいがあって、自分を成長させることができて、だから一生ずっと続けていきたいって思えるそんな仕事。いつ結婚するか、誰と結婚するかは、仕事とは別に考えればいいんだよねっ」

「キミたち地球人はすぐに仕事と愛とどちらが大切か？　なんて愚問を口にするけ

ど、人間の一生なんて80年程度しかないのに、答えは愛に決まっているだろう」

「えっ、愛に決まっているの?」

「キミたち地球人は、仕事をするために生まれてきたのではない。愛のために生まれてきたんだ。そのために仕事をするんだ。世の中の多くの人への愛でもいいし、たった1人の人への愛でもいい。みんな何かの使命、つまりミッションがあってこの世に生まれてきたんだ。その愛のために働くんだから、愛に決まっているじゃないかプー」

「それは彼氏とのデートを仕事に優先しちゃっていいってこと?」

「まったく分かっていないみたいだね……。愛のためには仕事が必要なんだから、仕事を完璧にすることが長い目では結局愛のためになるんだ。仕事で誰かのために役立っているなら、それも愛のための仕事じゃないかプー!」

「でも、仕事優先で離婚とかしちゃう人もいるじゃない?」

「違うよ、離婚するかどうかは仕事なんかと関係ないことさ。そもそもずっと一緒にいたって別れるものは別れる運命にあったんだよ。言い訳に過ぎないよ。忙しい旦那さんや忙しい奥さんなら全員別れるのかい? ヒマなカップルなら別れないのかい?単に2人が間違って結婚しただけだということさ。ちょっと考えてみればすぐわかることさ。まったく単純な思考だなぁ〜プー」

「何よ！　その上から目線な言い方、感じワル〜」

「まずは自分の好きなことは何か？　得意なことは何か？　世の中で必要とされていることは何か？　その重なる部分をしっかりと把握することだよ。答えはすでにみなみの中に存在するんだプー！」

「理屈じゃその通りだけど、みんなそれがわからないから悩んでいるんでしょ！」

「それはキミたち地球人は戦略的に物事を考える訓練が不足しているからだよプー」

「戦略的？　自分のことをきちんと把握するための方法って何かあるの？」

「僕たちプラットフォーム星人は毎年必ず『自分成長戦略シート』というのをつくるんだ。大切なことは、いかに自分は他の人と違うか？　ということを見つけ出すことなんだ。要は、『差別化』っていうことなんだ。ひとりひとり違うからこその強みを持ち寄ってみんなで協力すれば、とてつもないパワーになるんだ。みなみにも教えてあげようプー！」

　と言ってぷ〜にゃんは、おなかのポケットから1枚のシートを取り出した。

「うわ、ドラえもんみたい！」

自分成長戦略シート

次の質問に答えてください。直感的な答えでＯＫです。
答えを書き込むことで、あなたの強みがうかびあがってきます。

Step1 自分の将来やりたいこと、なりたい10年後のイメージを描いて下さい。

10年後、具体的にどんなことをしていたいですか？

どんな所に住んでいたい？

どんな人が周りにいて欲しい？

そのうえで、仕事についてより具体的にイメージしてみて下さい。

億万長者になって経済的にはまったく働かなくてもよい状態でも毎日８時間以上働いてみたいことはなんですか？

余命10年と宣告されたときにそれでも毎日したい仕事はなんですか？

Step 2 **自分の履歴書をつくってみましょう。あなたの強みは、すでにあなたの中にあります。ただ気が付いていないだけなのです。以下の要領で、あなたの得意分野の芽を見つけ出しましょう。**

人にほめてもらえたこと

自分が達成感を持てたこと

苦労したけど報われた体験

つらかったけど
乗り切れたときの体験

社会人１年目からの職歴を振り返ってみましょう。

どの部署にいたか

どんな仕事を、どのくらいの期間やったか

どのくらいの実績をあげたか、あるいは失敗した経験

社会人経験がまだない人は、学生時代にどんな活動をしたのか、得意分野や好きな活動を自由に書き出してみて下さい

Step3 **「得意なこと」「苦手なこと」を書き出してみましょう。普段、自分が人から頼まれたり、聞かれたりすることは何かを考えてみるのもよいでしょう。頼まれるということは、あなたの強みだといえます。**

職種面（例：営業、人事）

知識面（例：広告に関する知識に長けている）

行動面（例：時間に正確）

苦手なこともなんでもいいので書き出してみましょう

Step4 **得意分野の磨き方を考えてみましょう。苦手なことを克服することも大切ですが、強みを伸ばすことを優先して考えましょう。「仕事で好きなこと」「仕事で嫌いではないこと」を細かく書き出しましょう。「仕事で好きなことなんてない」という人は、「嫌いではないこと」を書き出すのです。**

仕事で好きなこと

仕事で嫌いではないこと

Step5 さぁ実践です！　何にしようか悩んでいるよりもまずは「決めてしまう」ことが大切です。天職は見つけるものでなくて、出逢うものだからです。とりあえず自分のキャッチフレーズを決めましょう。

あなたのキャッチフレーズは？

キャッチフレーズを決めたら、ブログや Facebook などで発信をはじめ、少なくとも半年間は続けてみましょう！　自分のキャッチフレーズにあった内容の情報を発信するのです。もし半年後に違うなと思ったら、そこでもう一度このワークシートをやってみて下さい。

半年、1 年などと期間を決めて、あなたの成長のために、このワークシートを見直し、書き直してみましょう！

自分の人生の社長になる！

みなみはワークシートをざっと見て、ちょっとたじろいでしまった。

「これ全部、書き込まないといけないの？」

「一度に全部書こうとしなくていいよ。気が向いたとき、少しずつ答えを埋めていけばいいんだプー！」

みなみは家に帰るとさっそく、ワークシートの書き込みに取り組んでみた。

「人にほめてもらえたこと……感じがいいわねとか、頼りになるねとかかな。もともと、ＣＡ目指していたし、感じのよさは自信あり。得意なことで知識ねぇ……銀行融資についての知識が……少しはある」

「苦手なことは……書類と格闘することとかな。あっ、あと電卓打つのはチョー苦手」

「そうそう、そんなふうに細かく挙げていくといいよ。得意なこと、苦手なこと、好きなこと、嫌いなことをできるだけ細かく掘り起こしていくんだプー！」

「私……やっぱり人が好きなんだと思う。だから銀行でも、人と深く関わる営業の仕事がだんだん好きになってきたのかも」

みなみは、おぼろげながらも、自分のやりたいことの輪郭くらいは見えてきたような気がした。

「ぷ〜にゃん、このワークシート、けっこうおもしろいね。ありがとう」

「うん、よかったね。ようやく今がスタート地点だプー！」

「スタート地点って、何の？」

「みなみのひとり社長プラットフォーム、つまり〝場づくり〟をはじめるスタート地点だプー」

「ひとり社長プラットフォーム？」

「そうだよ、みなみの人生はみなみのもの。だから自分の仕事や自分の幸せをコントロールできるように、みなみカンパニーの社長になるんだ。いずれは銀行をやめて独立することも考えに入れていい。もちろん、このままずっとOLのままでも発想をひとり社長にすればいいんだ。そのために、自分の場づくりをしていくんだプー！」

「自分の人生の社長になるなんて発想、これまでの私にはなかったよ」

「みなみは、銀行とか会社とかスモールワールドに頭がとらわれていたんだプー」

「でも、ぷ〜にゃんは、そのスモールワールドで少なくとも3年は辛抱しろと言ったよ」

「イヤな上司にあたったりすると、3年も辛抱するのはきついよね。だけどどんな仕事も3年は続けてみないと、それが自分に本当に合っているのかいないのか、確かなことはわからないんだ　当初イヤな上司だと思っていても、実は厳しく仕事を指導してくれていることだってあるんだ。通常は2年程度でどちらかが異動することが多いから、3年くらいは我慢すべしと言っているんだプー！」

そこまで言うとぷ〜にゃんは目を閉じ、再び目を開いたかと思うと、もの言わぬただのぬいぐるみになっていた。

「ぷ〜にゃん！　やだ、もっと色々教えてよ！　なんで急に普通のぬいぐるみになっちゃうのよ⁉」

しかし、ぷ〜にゃんは、「また今度なのだプー！」と念話を送ってきただけだった。

「この子、エネルギーは120分くらいが限度みたい。コーヒー牛乳でエネルギーチャージしないと」。みなみは1人つぶやいた。

限りある命であることを
忘れてしまっている人がほとんど。

第4章

自分が変われば、人生も変わる！

顔つき

雅美の手術は無事成功した。

手術当日の夜、みなみも病院に駆けつけた。雅美は麻酔から醒めたあとも、こんこんと眠り続けた。腕には点滴の管がつながれ、顔は酸素マスクで覆われている雅美の痛々しい姿に、みなみは涙があふれてきた。

みなみは銀行を早めに出られるときは、毎日のようにお見舞いに行き、日に日に回復していくのを見て、ほっと胸をなで下ろした。

手術から1週間後、術後の痛みもとれて元気を取り戻した雅美は、ベッドに起き上がってみなみにきいた。

「みなみの絵、描かせてもらってもいい?」

「今?　ここで?」

「そうよ、約束でしょ」

みなみがうなずくと、雅美はスケッチブックを取り出し、何か思い詰めたような表情で鉛筆を動かしていった。

いつもならあっという間に仕上げてしまう雅美だが、この日は1時間近くも、みなみはポーズをとらされた。

「昔はいつもこうだった。雅美ちゃん、すごく時間をかけて描いてくれたのよね。私は途中で飽きちゃって、まだぁ？　お腹すいちゃったよなんて駄々をこねたりして、お菓子を口に放り込んでもらったりした」

みなみはなんだか子どもの頃に戻ったような気がした。

「できた！」

「見せて、見せて」

そこに描かれたみなみの顔は、去年の誕生日に描いてもらったものとは雰囲気がまるで違っていた。去年の絵は、まだ幼い感じがしたのだが、今回はキャリアウーマン風の大人の女性に描かれていたのだ。みなみ自身が変わったのか、それとも雅美の見る目が変化したのか――。

「みなみ、いつの間にか顔つきが変わったね。いい顔になったよ」

「えっ、そうかなあ」

「最近のみなみ、特にイキイキと輝き出したっていう感じ。私が言うんだから間違いない！」

「雅美ちゃん、こんなに素敵に描いてもらって、私、すごくうれしいよ」

みなみは大事な似顔絵をバッグにしまおうとした。すると雅美は、

「ごめん、それはあげられない。今日はみなみの誕生日じゃないでしょ」

と言って笑った。

「手術を終えたら、真っ先にやることはみなみを描くことって決めていたの。そしてその日を、私の新しい誕生日にしようって思った。これ、新しく生まれ変わった私が描いた最初の1枚だから、ずっと手元に置いておきたいの」

そのひと言がみなみの胸にずしんときた。胸の奥から体じゅうに熱が広がって、じんわり温かくなっていくのを感じた。

「また雅美ちゃんに元気もらっちゃった」

みなみは雅美の手を握りしめ、そうつぶやいた。

ノルマ

「ハードル高いよ。新人の私にはちょっと無理な数字じゃない？」

藤田から100件という数字を聞き、みなみは思わず心の中で叫んだ。

東都銀行では年に2回、「カードローン新規顧客獲得月間」というものを設けている。今がちょうどその時期で、営業だけでなく、融資や窓口担当もノルマが決まっており、カードローンの契約を取らなければならない。

藤田がみなみに課した月間ノルマは100件だった。入行10年目の先輩社員でも120件程度だったから、100件のノルマはキツかった。「神無月さんへの期待の表れかなー。あまりに低い目標だと、あなたが成長しないと思ったので、区切りのいい100件としました。ただし、目標として設定した以上、必ず達成してちょうだい。上司である私に恥をかかせないでね」

と相変わらず藤田はイヤミったらしい。ハナからみなみが達成できるとは思っていない。キャンペーン期間が終わったら、目標未達を名目にみなみをイジメ抜くだろうことは想像に難くなかった。

みなみはしり込みしてしまった。お客さんから求められたわけでもないのに売り込みに行くというのは、なんとも図々しいようで、腰が引けてしまうのだ。しかし、ただ手をこまねいていても、新規顧客を1人として獲得することはできない。

「やるしかないな。まずは快く話を聞いてくれそうな人からあたろう。うーん、細山酒造の細山社長に、それからサンライズ社の山口社長。ん？　ワイ・ブライダルの青柳社長も話に乗ってくれるかも」

強み

ワイ・ブライダルというのは、結婚式と披露宴に必要なすべてをトータルプロデュースする会社だ。社長の青柳は40代前半の元テレビ局のディレクターで、数々のドキュメンタリー番組を手がけてきた経歴の持ち主。共同経営者である奥さんは元テレビ局のアナウンサーだった。

ワイ・ブライダルもみなみが店周ローラーで獲得した新規取引先だった。

青柳が独立して会社を興したきっかけは、大学時代の友人からの頼み事にあった。

「俺もいよいよ結婚することになっちゃってさ。籍だけ入れればいいかなと思っていたら、嫁さんは結婚式も披露宴もちゃんとやりたいって言うんだよね。だから2人であちこち式場を回って、結局、ホテルで式を挙げることにしたよ。挙式の後、同じ建物内で披露宴ができるとラクだもんな。当日、おまえも来てくれるだろ?」

「もちろんだよ」

「サンキュー。それで、1つおまえにお願いしたいことがあるんだけど」

「何?」

「せっかく披露宴をやるんだから、俺らしさを表現したいじゃん? 友だちみんなで余興をやって、ぱぁーっと派手に盛り上げてもらいたいんだ。俺自身は新郎という立場上、歌ったり踊ったりはしにくいから、その代わり、俺と嫁さんの生い立ちから出会い、プロポーズまでの流れをイメージビデオ風に仕上げて、披露宴で上映したらどうかなと思うんだけど、そのビデオをつくって欲しいんだ」

「いいね。もちろん、OKだよ」

「サンキュー、おまえはプロだから楽しみだよ」

というわけで、青柳が、一肌ぬぐことになったのだった。

やる以上、クオリティーの高いものをつくりたかった。新郎新婦の双方から何冊もの写真アルバムを借り、赤ちゃんの頃、学生時代、そして社会人になってからと、様々な写真をビデオに収め、さらには新郎新婦に出演してもらって、2人の誕生から結婚までのストーリーを綴っていった。シナリオは青柳が書いた。ナレーションとBGMを加えて編集し、約10分のビデオにまとめた。

それを披露宴で流すと、会場は感動の涙で埋め尽くされた。それは大袈裟でもなんでもなく、本当にゲスト全員が涙、涙で、新郎新婦も目を真っ赤にしていたのだという。

なぜこんなにも感激してもらえたかというと、2人が出会えたことの喜び、結婚を約束した瞬間の天にも昇る気持ち、両親に寄せる感謝の思いなど、2人の気持ちがそのまま伝わったからだ。ビデオを制作した青柳自身も、披露宴では思わずもらい泣きをした。

そのときの周りの反応を見て、これはチャンスかもしれない、と青柳は考えた。青柳は当時30代後半で、そろそろ現場を離れて管理職にならないかという話がきていたこともあり、現場にこだわりたい彼は、局をやめて独立するなら今しかないと考えたのだ。人生のビッグイベントである結婚式に関わる仕事をしたい。

フリーでウエディング・プランナーをしている女性が知り合いに何人かいるので、協力を依頼すれば、すぐにでも仕事がはじめられそうだ、そう青柳は思ったのだ。

青柳は心を決め、ビデオ制作した友人の結婚式から半年後、元局アナの奥さんと2人で、ワイ・ブライダルという会社をスタートさせた。

会社のホームページとブログも立ち上げ、式場選び、招待客のリスト作成、席順、テーブルコーディネート、料理、ケーキ、花、ウエディングドレス、引き出物まで、挙式&披露宴に必要なすべてをセンスよくコーディネートする会社であることをアピールした。

そのうえでさらに、テレビドラマ並みのハイクオリティで「感動のストーリービデオ」の制作ができること、挙式当日の写真とビデオ撮影もハイセンス&ハイクオリティであること、テレビ局でアナウンサーとして活躍していたプロが、披露宴の司会進行を務めるという強みを打ち出した。

ビジョン

開業から6年を経た現在、ワイ・ブライダルは従業員30人をかかえる中堅クラスの会社に成長している。みなみは青柳社長自身からそうしたサクセスストーリーを聞いていた。

カードローン推進のため、ワイ・ブライダルを訪れた際、みなみは、ずっと青柳にききたいと思っていたことを尋ねてみた。

「青柳社長がワイ・ブライダルを立ち上げられたとき、いくら将来性がありそうだからといっても、成功すると決まっていたわけではありませんよね。失敗するリスクもあったと思うんです。テレビ局に残っていれば、安定した人生を送ることができたと思いますし。よく決断されたな、と思って」

「そうですね。確かにリスクはあった。あの時点では海のものとも山のものともしれない仕事で、お客さんをつかまえられるかどうかもわからなかったしね。それでも、確実に私はその方向を向いていました。しっかりした事業計画があったわけでもないし、未来の可能性が、はっきり見えたわけでもない。ただ、自分の直感を信じて、『こうしたいんだ』という素直な気持ちに従っただけです。あと、色々な人の協力も得られましたしね」

「そうですか。直感ですか。でも、どうしてそんなに、色々な人が協力して下さったのですか？　『海のものとも山のものともしれない仕事』なのに、どうして、そんなにたくさんの人を巻き込むことができたんでしょうか？」

「今振り返ると、やはり、あのとき『こうしたいんだ』という強い気持ちを持ったことかな。『今自分はこうしたいんだ』というビジョンを持ち、それを何度も何度も口にすることで、賛同する人が自然に集まってきたように思いますね。自分の意識を転換することから、すべてがはじまったような気がします」

「その通りだプー」という、ぷ～にゃんの心の声が聞こえたような気がした。青柳はみなみに対する謝辞も忘れなかった。

「ありがたいことに、年々売り上げが伸びていますよ。社内外の優秀なスタッフたちのおかげだなあ。神無月さんにも色々とお世話になっております。短期融資が必要になったとき、いつも手早く書類をまとめてくれた。あれでずいぶんと助かりました」

「いいえ、こちらこそ、いつもありがとうございます」

「何かの形でお返しができるといいんだがなあ。そうだ、神無月さんが結婚するときは、うちが総力を結集して、最高の結婚式をコーディネートさせてもらいますよ。もちろん格安料金でね」

「ありがたいお話です。でも当分、その予定はないですね」

「おや、そうなの？　それは残念」

「でも、私の大学時代の友人が近々結婚することになっていまして、式場はぜんぜん決まってないと言っていたので、今度、御社をご紹介させていただいてもいいですか」

「それはありがたい。神無月さんのご紹介だから、思いっきりサービスします。しかしそうなるとアレだなあ」

「何か？」

「いや、こちらとしてはますます何かお返しがしたくなります。私でお役に立てることがあったら、いつでも気軽に相談して下さい。できるだけのことはしますから」

みなみは待ってましたとばかりに、カードローンの話しを切り出した。

ひと通り話を聞いた青柳社長は、ただちに快諾し、みなみがバッグから取り出した申込書にすぐにサインをしてくれた。

「うちの社員と取引先の人にも勧めてみますよ。申込書、20部ぐらい置いていったら？」

青柳社長はそんなことまで言ってくれた。そしてその言葉通り、その日のうちに、社員10名がカードをつくってくれることになったのだ。

人を巻き込むコツ

その日、帰宅してから、みなみはぷ〜にゃんと「反省会議」を行った。最近は「反省会議」が日課のようになっていた。

計画（Ｐｌａｎ）→実行（Ｄｏ）→チェック（Ｃｈｅｃｋ）→改善（Ａｃｔ）のＰＤＣＡサイクルでいえば、かつてのみなみには「計画」「実行」はあったものの、その次の「チェック」「改善」がなかった。

だから、スキルは向上しないし、同じ失敗を2度、3度繰り返すことも多かった。

ところが、ぷ～にゃんとの反省会議を毎日行うようになってから、みなみのスキルは徐々にアップしていった。同じ失敗をしないだけではなく、先を読んで手を打つようになったことで、失敗すること自体が少なくなったのだ。

「みなみを信頼してくれる味方が1人いるだけで、10件も契約が取れたんだ。すごいね！　やっぱり日頃からGIVE GIVE GIVE GIVEしているとたまにはいいこともあるんだプー！」

とぷ～にゃんも喜んでくれた。

「ほんと、ありがたいよ。でも何か見返りを得ようとしてたわけじゃないんだけど」

「そこが大切なんだ。GIVE&TAKEっていうのはダメ！　常に相手の立場に立って、考えて先回りしてGIVEを続けることが大切なんだ。見返りなんて求めないことだよ。だって見返りがない場合のほうが多いんだから。それでもGIVEを続けていれば、いつかは応えてくれる人に出会うかもしれないんだ。それが人を巻き込んでいくことの第1歩なんだプー！」

「そっかー」

「自分というプラットフォーム、つまり〝場〟に色んな人に参加してもらうこと、それはすなわち『助けてもらえる人になること』でもあるよ。仕事の目標を達成するにも、自分の夢を叶えるにも、人を巻き込んで力を貸してもらうことが大事。自分1人ではできないことが、できるようになるからね。そしてみんながハッピーになるんだプー!」

「うん、色々頼まれたときには、自分のできる範囲でお手伝いしてきたからかな。心配だったけど思い切って頼んでみると、相手は意外と応えてくれるものね」

「人を巻き込むには、まずは巻き込まれる人間になることなんだ。初めから自分の場をつくるのはむずかしいけど、色々な場に巻き込まれることで、徐々にどうやったら自分も場がつくれるかがわかってくるよ。もっとたくさんの人に頼んでみるといいよ。1人の力でできることは小さいけれど、多くの人の力を借りれば、10倍も20倍も大きなことを成し遂げられるのだプー!」

相手が必要としているもの

みなみは、思い切って、かねてより取引のある顧客を順に回り、協力をお願いしてみることにした。客先に行く道すがら、ぷーにゃんが色々とレクチャーしてくれた。

「人の力を借りるときは、まず自分が先に相手に何ができるかを、考えてから行動することなんだプー！」

それぞれの顧客のために、自分は何をすれば喜んでもらえるだろうか？　みなみは悩んだ。

「まずは、相手が何を求めているかを調べることからはじめよう！　そのうえで、自分が何を貢献できるかをはっきりと示すこと。手ぶらで行かずに、おみやげを持っていくといいんだプー！」

「お菓子でも持っていく？」

「どうしてキミたち地球人は、すぐにモノとかカネとかそういう次元のことばかり考えているのかな？　そうじゃなくて、相手が必要としている情報とかをおみやげにするといいんだプー！」

「情報といっても、色々あるよ。相手が何が欲しいかなんてわからないし」

「みなみは銀行員なんだから、金利の変動とか、外為相場の変動なんか詳しいし、税制の変更とかたくさん知識や情報があるはずだよね。大切なのは相手の気持ちを考えて、相手のために行動することなんだ。そうすれば、中にはみなみに信頼を寄せてくれるようになる人も出てくるものだよプー！」

「相手がどんな情報を求めているかを察することが大事なのね！　ブログとかSNSも見てみよう！　何かヒントが見つかるかもしれないし」

「あとそれから、このカードを持つとどんなメリットがあるのか、できるだけ多くの具体例で説明することだね。決して強引に売り込まないことさ。せっかくのお客さんに不快な印象を与えてしまったら元も子もないんだプー！」

「うん、それ一番大事なこと。入会金・年会費無料、銀行口座は不要、インターネットなら24時間365日、いつでもキャッシング手続きが可能、当行のATMとコンビニATMで利用可能、しかも借り入れ・返済ともにATM利用手数料はゼロ」

「ダメダメ!!　そういうことは全部、パンフレットに書いてある。CMになっちゃってる。大切なことはみなみ自身の言葉で伝えることだプー！」

「えーとですね。これ1枚持ってると、すごく便利だし、お得だと思います。コンビニからレンタルビデオまで色々割引になります。そして国内はもちろんのこと、海外でも現地通貨でキャッシングができます。急な出費にも安心ですね。それからですね、今は低金利の時代なので、普通預金にはあまり多くのお金を置かず、少しでも金利の高い定期預金や定額預金に資産を預けたいというお客さんが多いんですよ。でもそうすると、ごくまれにですが、普通預金の残高不足により、光熱費などの口座振替が滞ってしまうなんていうことが起こります。そんなときも、このカードに加入していれば、自動対応融資のシステムが働き、口座振替に必要な資金が補充されます、とかはどう？」

「まぁまぁかな。社長さんなら、海外での万一の場合の保険も自動で付いていますとかマイルがたまりやすいとかのほうが興味あるかもね。ブラックカードと同じ特典とかもいいかも。それぞれの人に合わせて考えるのだ！　そして何よりも大切なことは、とにかくスマイル！　笑顔でいくのだプー！」

「笑顔ね！　そういえば最近笑顔でいる時間が増えているかも。顔にシワができないようにしなきゃ！」

「幸せだから笑顔になるんじゃなくて、笑顔だから幸せがやってくるのだプー！」

「ホントそうだわ〜。あーあ、ネコの手も借りたいくらい忙しいから、文字通りぷ〜にゃんの手も貸して欲しいよ！」

2人は大笑いした。


みなみはやる気満々で、通常業務の合間をぬって顧客のもとへ足を運んだ。始業前の早朝や昼休みの時間に会ってもらうということもたびたびあった。

それでも「こんなきつい仕事、もうやめたい！」という気持ちにはならなかった。何しろ、顧客の力を借りることで10件、また10件という具合に、まとめて契約が取れていくのだ。

「すごい、すごい！　最初はハードルが高いと思えたノルマも、この調子でいけば、難なくクリアできそう！」

長い1日が終わって眠りにつくとき、みなみはかつて味わったことのない充実感に浸った。全身に感じるのは心地いい疲れだ。

目標達成！

カードローン新規顧客獲得月間は、そんなふうに過ぎていき、みなみは、わずか半月でノルマを達成してしまった。

「やった、やった！　早くも目標達成！」

みなみは飛び上がって喜びたい気持ちを抑え、ロッカー室へ走っていくと、バッグの持ち手にぶら下がっているぷ～にゃんを揺り起こした。

「ぷ～にゃん、起きて！　いいニュースがあるの。カードローン100件のノルマ、達成できたのよっ！」

しかし、ぷ～にゃんはなかなか目を開けようとしなかった。かすかに、いびきが聞こえてくる。

「ん、もう！　ネボスケなんだから！　しょうがないわね、エネルギーチャージしてあげる」

みなみは社内の自販機で、紙パックのコーヒー牛乳を買ってきて、ぷ～にゃんの口にストローをあてがった。ぷ～にゃんは寝ぼけながらも口を動かしてチュウチュウ吸い込み、「う～、うまいっプー！」のひと言と共に、シャキーンとなって復活した。

「やったね、みなみ！　おめでとうだプー！」

「私史上、最高の快挙かも。こんなにうまくいったこと、これまでなかったもん」

「僕が言った通りになっただろ。みんなの力を借りれば、みなみが1人でできることの10倍も20倍も大きなことを成し遂げられるんだプー！」

「しかも、驚くほどの速さでね！　それにひきかえ藤田課長なんか、まだ70件も契約取れていないみたいよ。ざまあみろ、いい気味だ。くっくっくっ」

みなみはつい、意地悪な笑い方をしてしまった。

「たとえ悪魔のような人でも年上なんだし、他人の悪口とかを言ってはいけないんだ。脳はそのままみなみに言っていると勘違いしてしまうって言っただろう？　それにあの藤田課長なら、月末までにおそらく150件は契約まとめそうだプー！」

「え？」

「だからみなみも、ノルマを達成したからといって喜んでいないで、さらに努力しないといけないんだプー」

「え〜、そんなー」

「強化月間が終了するまで、できる限りの努力を続けたほうがいいのだプー」

「それはそうかもしれないけど、なんだか私、もう飽きちゃったよ。カードローンのお客さんをいくら増やしたところで、私自身はやっぱりちょっと違うなって気がするんだもん」

「銀行の仕事はそういうものだって、みなみはわかっていたはずだプー！」

「そうなんだよねえ。思いのほかうまくいって、ザクザク契約が取れたりすると、この仕事も案外おもしろかったりするのかなぁなんて思っちゃう。ボーナスもたくさん出るかも、とかね。でも、65歳までこの仕事をしていくと思うと、急に白々しい気分になってしまうのよね」

「キミたち人間には、それぞれの価値観があるし生き方もある。このまま65歳まで働くのも立派なことだと思うよ。でももし、大好きなことをして生きたいとか、仕事がつまらないと感じるのであれば、それはみなみがまだ天職に出逢っていないからだよ。自分の強みを見つけるためのワークシート、全部書き込んでみたのかプー？」

「まだ25歳だから、営業が天職と言えるかはわからない。でも、ワークシートで私の最大の強みは、合コンの幹事をやることだっていうのがわかったわ！」

「みなみは、お見合いの会社でも興すつもりなんだプー！」

「そうじゃなくて、私は人を集めて、楽しく盛り上げることが得意みたいなの！　銀行員のままじゃ、なかなかできないことかもしれないけど……」

「そんなことはないと思うよ。銀行の中でやりにくいと思うなら、できるだけ外に出て、営業で会うお客さんたちを大事にしていけばいい。様々な業界の人と交流することで色々な価値観に触れることもできるし、みなみの視野も広がるはずだよ。ランチタイムや週末を使って社外の人と接すればいいんだプー！」

「ランチはまともに時間がとれないし、週末は疲れて寝ているし」

「みんなと同じことをしていては、それ以下の結果しか出ないよ。できない人はすぐにできない言い訳を考えるんだ。できない理由を考えたらなんにもできないよプー！」

「わかったわ。今の自分でもできることは何かないか？　を考えて行動してみる！」

「焦らなくていいんだ。社内でも他の課の人と一緒にランチするとかでも随分勉強になるはずだよ」

「そうね。隣の課の人とかは、ほとんど何やっているかわからないし、明日からランチでも誘ってみる！」

「最短最速で夢を叶えようなんて思うと、かえってうまくいかないものなんだ。たとえば富士山に登りたいという夢があるなら富士山の方向に向かって行くべきだよね。でも、最短距離で行かずに途中下車で温泉に入ったり、熱海でグルメを楽しんだりするのも大切。もしかしたら山じゃなくて海が好きなのかもしれないからね。そうやって色々経験していくことで自分の本当にやりたいことが見えてくるんだプー。」

「そうね。自分で経験したからこそ嫌いなことも実感できるのよね」

「ムダなことは何もないんだ。寄り道ばんざい！　なんだプー」

人の夢を叶える

カードローン顧客獲得月間の後半戦、みなみは引き続き顧客回りを続けていった。

「色んな業界の人とつながっておくと、後々きっと役に立つよ」とぷ〜にゃんに言われていたので、今ここで頑張っておけば、未来はきっと明るいものになるという期待もあった。

自分は今、ノルマを上回る実績をつくるために頑張るのではなく、自分自身のよりよい未来のために布石を打っているのだという思いが、みなみの行動力に火をつけた。

結果、みなみの契約件数は170件。対する藤田は148件。

なんとみなみは支店の中で獲得成績1位になったのだ！　ところが、である。

「あいつが1位？　ほんとかよ」

「何かの間違いじゃないの」

「奇跡だ。奇跡が起きた」

周囲はこぞって驚いた。さらに

「神無月、どんな奥の手を使ったのか教えてよ」

などと、あけすけにきいてくる先輩もいた。

なんて失礼な物言いなんだろう、とみなみは内心ムカッときたが、「ここは軽くスルー」というぷ〜にゃんの教えに従って、「お客さんが何を求めていらっしゃるかうかがって、このカードがあればどんなメリットがあるか、丁寧に説明しただけです」と答えるにとどめた。

朝礼では、中村支店長からみなみに金一封が贈られた。みなみは支店の行員約100名の注目を浴びながら、深く一礼をして、支店長賞と書かれた封筒を受け取った。落ち着いて振る舞ったつもりだったが、自分の席に戻ると、膝ががくがくしていた。

みなみは机の引き出しにこの封筒をしまい、「さっ、これでやっと通常業務に専念できる。今度の件でお客さんの輪がずいぶん広がったから、改めてご挨拶回りしなくちゃ」と準備にとりかかった。

以前のみなみだったら、銀行というところは、お金というフィルターを通して人を判断する、殺伐とした組織に思えてならなかった。しかし、今のみなみは、そんなふうに考えていない。少なくともみなみにとって、銀行の仕事とは、お金を通して人の夢を叶えることだと思えるようになった。

融資を受けて設備投資を行い、事業を拡大していく経営者がいる。融資を受けてお店を新規オープンさせる人もいる。みんな、ビジネスを通して自分の夢を実現していこうとしているのだ。
「精魂傾けて開発した製品を世に送り出したい」「素敵な店を開いて、多くのお客さんに集まってもらいたい」という夢を叶えるために必要な資金を銀行が貸し出し、事業を応援していく。そして銀行は、利子を受け取る。それが銀行の仕事だとみなみは心の底から思えるようになった。

みなみはその日、午前中に2社、午後から4社回る予定だった。どの会社も、カードローンの営業を通じて紹介された新規の顧客だ。それぞれの会社が今後どのような事業を計画しているのか、どんな未来を思い描き、どんな夢を抱いているのか、ぜひ聞いてみたいと、みなみは楽しみにしていた。

事件

顧客回りは首尾上々で、今後の展開を思うと、期待に胸がふくらんだ。
そして午後8時、いつも心配をかけている母親にも1位になったことを報告しなくてはとまっすぐに帰宅の途についた。

「ただいまー。私、支店で1位になったのよ！　表彰されちゃった～！」

みなみは玄関で靴を脱ぎながら叫んだ。

「すごいじゃない！　よかったね～」

母がエプロンで手を拭きながら笑顔で玄関まで来てくれた。

「ちょっと待ってね」

みなみはバッグの中の封筒を手探りで探した。「あれ、ない」バッグの中身を玄関でひっくり返したが封筒はなかった。

「どうしよう、金一封を机の引き出しにしまったまま、営業先から直帰しちゃったよ」

みなみがそう言って頭をかきむしると、父も母もほとほと呆れていた。

「おまえは昔っから、そそっかしいんだから」

「銀行員のくせに、お金の管理がなってない」

と両親に笑いながら叱られた。

翌朝、一番に机の引き出しを見てみると、

「ない。どうして⁉」

確かに施錠して帰宅したはずなのに、しまっておいたはずの金一封がなかった。みなみは泣きそうになった。

しかし証拠もないのに騒ぎ立てるわけにはいかない。第一、ここで騒ぎ立てれば、そんな大事なものをなぜ置き忘れたのだと言われ、カギをかけないで帰宅したのであれば重大なみなみのミスになってしまう。

銀行には、机のカギは施錠して帰宅しなければならないルールがあるからだ。そして、マスターキーは課長しか持っていない。きっと藤田課長のイヤがらせに違いない、とみなみは思った。

と、そのとき、そうじのおばさんがみなみのほうを見て、「ちょっと、おいで」と手招きしているのが目に入った。

「私?」

「そう、あんた」

みなみとおばさんは目と目で確認しあった。みなみが席を立つと、おばさんもその場を離れ、廊下の隅の給湯室へとみなみを誘導した。

「これ、あなたがもらったものでしょ。1等になってご褒美をもらったのに、なんで捨てたりしたのよ」

「え？　私、そんなことしていない。でも見つかってよかった！」

「さっき給湯室の掃除をして、ごみを集めていたら、これが出てきたんだよ」

「……見つけてくれたのがおばさんでよかった。おばさん、このこと誰にも言わないでね」

「それより、中身を確かめてくれなくちゃ。掃除のおばさんに猫ババされたなんて言われたら困るから」

「そうですよね。はい、確かに中身はちゃんと入ってます。ご心配をおかけして、すいませんでした」

「あなた、もっとしっかりしなさいよ」

「はい、すいません……」

みなみが自分の席に戻ろうとすると、藤田が課長席から横目でみなみを睨みつけていた。そして一瞬、ふふっ、と人を小馬鹿にした笑いを洩らした。

やっぱり藤田だ、藤田がやったんだ！　みなみはそう確信した。

しかしなぜか、さして腹は立たなかった。「また例のイヤがらせか。いやんなっちゃうな」という程度の感情しかない。みなみは自分でも気づかないうちに、藤田に対して冷静になっていた。

「本当に可哀相な人……」

みなみはそんな言葉がつい出そうになるのをグッとこらえた。

その夜、自室でみなみがスキンケアをしていると、ぷーにゃんが話しかけてきた。

「価値観が合わない人とは、無理に関わり合いを持たなくていいんだ。価値観の合う人、波長の合う人を大切にしていくことのほうが大事なんだ。仕事上学ぶところがあるならばパーツで同僚や上司から学ぶのだプー！。」

ぷ〜にゃんは、みなみの変化を喜んでいた。

「パーツ？」みなみは小声で聞いた。

「そう。どんな人にもよいところと悪いところがあるんだ。完璧な人なんていない。仕事上の関係で無理に好きになるとかする必要はないんだ。イヤな人間からも仕事上見習うところがあれば、その部分だけを学ぶようにすればいいんだ。それがパーツで学ぶってこと。だけどキミたち地球人は好きとか嫌いとかですべてを肯定したり否定したりしてしまう。それはもったいないことなんだプー！」

「できれば波長の合わない人とも、争いなんか起こしたくない。今回のことは私に対する嫉妬もある気がする。初めて支店で2位に下がったことをくやしがっていたそうだし。どうすればいい？」

「嫉妬はキミたち地球人に存在するもっとも厄介な感情だね。悪口は嫉妬が原因である可能性が高いんだ。調べてみると自分と同じくらい、あるいは自分より下だと思っていた人が、自分よりも上の実績を上げたときに生じる負の感情のようだ。つまり、自分との関連性がある場合に生じるんだ。逆に言えば、もう追い付けないなとか、まったく違う世界の人だと思っている相手の成功については、嫉妬という感情が起きないってことなんだ。みなみももっとぶっちぎりの存在になってしまえば嫉妬されなくなるかもしれないんだプー！」

「まだまだ1回営業成績で1位になっただけだもんね」

「うん、これからだよ。もっともっと怖い嫉妬に合うのは！　でも、嫉妬されるくらいにならないとダメなんだ。大切なことは、人を変えようとせず、自分の言動を変えること。人は人、自分は自分。人と違っていたほうがすばらしいって、そう思ってつきあっていけばいいんだプー！」

「いい意味で、無関心になればいいってことね。イヤな人には関心を向けない」

「もちろん、自分に落ち度があるとかそういうときは素直に反省も必要だよ。でも、愛情の反対は憎悪ではなくて無視なんだ。無視、無視。どーでもいいやと思って正解なんだプー！」

「それでも直属の上司だから、最低限の礼儀はわきまえて接するけどね」

「うん、それでいい。目上の人にはそれなりの経験もあるし、どこか学ぶべきこともあるはずだ。イヤなところは、みんなもそう思っているはずだから、反面教師として見ればいいんだ。みなみには今、自分のやりたいこと、求めているものが、だんだん近づいてきているんだからそんなことで悩む時間がもったいないんだプー！」

「そうね！」

「ほら！　3年頑張ってみないとわからないことがあるって言った意味、これでわかったかな？　イヤだなと思っても、少なくとも3年ぐらいは辛抱してみる。そうやってきちんとプロセスを踏んでいけば、必ず道は開けるものなんだプー！」

「この道はどこへ続いているんだろう。早く知りたいわ～」

「それは後のお楽しみ。ひとたび変化が起こると、変化が変化を呼び込むから、みなみはこれからどんどん変わっていくよ。どんな自分になれるか、ワクワクしながらただ、一歩一歩前へ前へと進んでいくだけだよプー！」

みなみはぷ～にゃんの言葉に大きくうなずいた。そして、金一封が捨てられた件はなかったことにしようと心を決めた。

噂

しかし、すでにその日のうちに悪い噂は広まってしまっていた。

「神無月さんの金一封、給湯室のごみ箱から出てきたんだって」

「掃除のおばさんが見つけたらしいよ」

「やったのは、藤田課長かな」

「相当嫉妬しているみたいだもんね」

「だけど、そこまでするか普通？」

「藤田課長ってこわい」

営業1課の課員だけでなく、融資や預金担当の人間までささやき合っているが、周りはどこかみなみに好意的になりつつあるような気がした。

みなみあてに顧客から電話がかかってくると、いつもは「神無月さん、電話！」と無愛想に取り次いでいた先輩が、なぜか、「神無月さん、○○さんからお電話です」と丁寧口調になっていたりする。

これまで藤田がみなみに何をしようと、「見て見ぬふり」「事なかれ主義」で通してきた先輩や同僚たちが、あえて藤田の機嫌を損ねてまで、みなみに味方するようになった。

「みんな急にどうしちゃったんだろ？　私としては、すごくうれしいけど」

とみなみはそっとぷ～にゃんに話しかけた。

「周りの人も藤田課長があまりに横柄だし、悪口ばかり言っていることについてはよく思っていなかったんだよ。みんなも腹に据えかねていたんだろう。きっと、もうこれ以上は藤田の横暴を許さないぞと、勇気のスイッチが入ったんだろうプー！」

翌朝さらなる変化が起きた。

朝、出勤したみなみがロッカー室で仕事に行く準備をしていると、同期の麻美がやってきて、「みなみ、中村支店長が呼んでる。すぐに支店長室に来るようにって」と息せき切って伝えた。

みなみは、いったい何事だろう、私また何かやらかしたかな、とドキドキしながら支店長室へ向かうと、半開きになったドアの奥から野田副支店長の声が聞こえてきた。

「ですから何度も申し上げているように、あれは藤田君のやったことではありませんよ。そんなことするわけないじゃありませんか」

それに応えて、中村支店長が言った。

「では、誰がやったと、考えている？」

「あの神無月のことですからねえ、ぼんやりしていて落としでもしたんじゃないですか？」

「しかし、それがなぜ給湯室のごみ箱なんかに入っていたのだ」

「誰かが見つけて、捨てたのでしょう。わざわざ持ち主に渡しに行ったりすると、あらぬ疑いをかけられると思ったんじゃないですかねえ」

「……。しかし、神無月君はカギをかけていたというのだから、藤田君の日頃の言動とカギの管理者であることからして、疑わしいことは否めない。誰にきいてもそう言うのだ。もっとも本人を呼んで確かめてみたら、きっぱり否定されたがね」

「ええ、私も藤田君を問い詰めましたよ。そうしたら、濡れ衣を着せられた、とくやしがっていました。あの怒りようは、とてもウソをついているとは思えません」

「だが、誰がやったにせよ、他人の机を漁《あさ》って現金の入った封筒を持ち出すなど、泥棒行為じゃないか。いや仮に拾ったのだとしても、持ち主に返そうともせずごみ箱に捨てるなど、あってはならないことだ。こんな悪質なイヤがらせを放置しておくと職場の士気が下がる」

「ごもっともです」

「わかっているなら、何とかしろ！　キミなら、藤田君には言いにくいことも言えるだろう。違うか？」

中村支店長は声を荒げてそう言った。野田副支店長はぐうの音も出ず、沈黙してしまった。

入るなら今だ、と判断したみなみはドアをノックした。奥のほうから、「入りなさい」と中村支店長の声がした。弱りきった顔で出てきた野田副支店長と入れ替わりに、みなみは部屋に足を踏み入れた。

中村支店長はみなみを机の前に立たせた。ヤバイ、私も何か怒られるかもしれない。みなみは逃げ出したい思いに駆られた。しかし支店長の口から出たのは、意外にも、労《ねぎら》いの言葉だった。

「キミは、入行して3年目だったな。それにしてはよく170件も契約を取った。頑張ったな」

「恐縮です」

「例の封筒が一時行方不明になっていたことは、私のところまで噂が届いている。だがあれはね、なかったことにしてもらえないか」

「はい、私もそのつもりでした。ご迷惑をおかけして申し訳ありません」

「あとのことは野田副支店長がなんとかするだろう」

「は?」

「いや、2度とこのようなことが起きないよう、風紀の乱れを正せと、きつく命じておいたから。キミは自分の仕事にまい進したまえ」

「はい、わかりました」

みなみはお辞儀をして支店長室から出たが何か釈然としなかった。

「あとのことは野田副支店長がなんとかする」と支店長は言っていた。

「なんとかするってどういうこと？　藤田課長がやったという証拠はないけど、限りなく疑わしいので訓戒処分にする？　いや、さすがにそれはないよね。ならば、野田副支店長から藤田課長に、あんまり部下につらくあたるなと忠告させるってこと？」

そのときみなみの脳裡《のうり》にひらめくものがあった。もしかして野田副支店長と藤田課長は、ただならぬ関係？　だから野田副支店長なら藤田課長に、言いにくいことも言えると、そういうこと？　だけど副支店長には奥さんも娘さんもいるから不倫の関係？　中村支店長は部下の不倫関係に薄々気づいていたということ？　みなみには腑に落ちないことだらけだった。

ひとたび変化が起こると、
変化が変化を呼び込み、
どんどん変わっていく！

第5章

「最高の仕事」をたぐり寄せる！

アライアンスランチ

支店長、副支店長、課長の3人が本当は何を考えているのか、みなみには読めなかった。自分はまだヒヨッコだから大人の世界のことはよくわからないのかな、わかりたくもないけどね、とも思う。みなみにとって目下の関心事は、「社内に味方が増えてきたことを素直に喜びたい。私も心を開いて、みんなと仲よくしていこう」ということにあった。

これまでのみなみは、お昼はコンビニでお弁当を買ってきて、会議室ですばやく食べていた。仕事が立て込んで、時間通りにお昼休みをとれなかったことが多かったからだ。たまに同期の麻美や1つ上の岡田とランチをすることはあったが、何か話したいことがあるときだけだった。

「1人ぼっちにしているのは、みなみのほう」とぷ〜にゃんに言われたことを思い出し、みなみは同僚をランチに誘う機会を増やしていった。

今日も、みなみは融資課で働く1年先輩の澤《さわ》エリカをランチに誘い、一緒にお昼を食べてきた。仕事を離れて話をしてみると、思っていた以上に会話がはずみ、少し距離が縮まった気がした。「この前の日曜、美容院に行ったんだけど、パーマかけてもらいながら、思いっ切り爆睡しちゃいました」

「あるある、そういうこと。やっぱり疲れてんだよねえ」

と澤が言うので、みなみはさらに続けた。

「あと、サロンでオイルマッサージしてもらっているとき、すごく気持ちよくなって、やっぱり寝ちゃいます。そのマッサージサロン、すごく上手なんです。日によってはタロット占いとかもやってるんですよ」

「へえ、よさそうなお店ね。どこにあるのか教えてよ。今度、一緒に行こう！」

「もちろんです。紹介制度があるから、お友だち紹介するとその日は2人とも20％オフですよ」

「それはいいね。行こう行こう。いつにする？」

そして、今度の日曜日、2人で「サロン・ド・リバティ」に行くことになった。こうやって一緒にご飯を食べ、仕事抜きで顔を見ながら話すことで、打ち解けていくものなんだな、とみなみは実感していた。

「今度アライアンス（提携）ランチをするといいよ。あの人とこの人が話したら気が合いそうだな〜と思ったらその2人を誘って3人でランチをするんだ。それがアライアンスランチ。そうすればもう立派なプラットフォームの主催者つまりプラットフォーマーだよ。自分を取り巻く半径3メートル圏内からはじめて、半径10メートル、100メートル、1キロっていうふうに、ランチ仲間の輪を広げていくといいんだプー」

「だったら、できるだけ仕事を効率化して、時間通りに昼休みをとれるようにしなくちゃ」

「ランチタイムのおしゃべりは大事だよ。雑誌やインターネットを開けば、それこそ洪水みたいに情報が押し寄せてくる。情報には本当の情報・ウソの情報・人の意見の3つがあるんだ。世の中のメディアやネットの情報の多くは人の意見だったりするんだ。そしてその意見には必ず背後に何らかの意図がある。だからこそリアルで直接聞ける、人が持ち寄るナマの情報ほど貴重なものはないんだプー！」

「うん、わかった！」

「ランチのいいところは、時間が限定されているから集中して話ができるってこと。夜はお酒飲んだりして、ついだらだらと長引いてしまう。でもランチなら、時間になったらさっと切り上げて仕事に戻れる。どんどん活用していくべきだよ。お店の力を借りることも大切だプー！」

「お店の力？」

「近くにおいしいイタリアンができたから一緒に行きませんか？　って誘うとか。おいしい食事は人を幸せな気分にするから、職場の会議室で話すよりもはるかに本音で話してくれるはずだよ」

「そっか、自分だけで頑張らないで、お店の力や他人の力を借りるってわけね」

「この人とは波長が合うなと感じたら、困ったときはお互い助け合いましょうって、提携を組ませてもらうといいよ。それがアライアンスさ。そうやって会社の中に仲間を増やし、自分の居場所をつくっていくんだ。週末とか仕事が終わってからなら社外の人とすればいい。そうするとみなみを中心とした〝場〟ができてくるんだ。居場所があって、仲間がいて、いざというときは助け合えるという安心感があれば、仕事がしやすくなるし、多様な価値観に触れることでみなみにもたくさん新しい発見があるはずだプー！」

「うん、やってみる！　意外とやってみたら簡単かもって思えてきたわ」

「場をつくるとき、もっとも大事なのは人選び。何をするか？　よりも誰とやるか？のほうが大切なんだ。よく『バスに乗せる人をまず決めてから行き先を決めたほうがいい』なんて言うよね。他人の悪口を言ったり、ネガティブワードばかり口にする人が1人でもいると、場に参加しているみんなに伝染してしまうんだ。安心してつきあえる人、一緒に何かをやりたい！　と思える人　つまり『波長の合う人』だけを集めて、居心地のいいプラットフォーム、つまり〝場〟をつくって欲しいんだプー！」

「そういう場だったらどんなに楽しいだろうなぁ〜。どうしたらできるの？」

「みなみはもっとスキのある人になるといい。スキがあって、どことなく愛嬌を感じさせる人は、周りがつい手を差し伸べて助けてやりたくなるものだプー！」

「私、ドジで間抜けでスキだらけの人間だと思うんだけど？」

「でも、弱みを見せまいとして突っ張ってきたんじゃないのかな？　金一封を机の引き出しに置き忘れたのは、救いがたいドジ、これはもう周りがかばってやらないと、っていう気にさせたんだプー！」

「そう、あの一件があってから、みんなの私を見る目が変わった。急にやさしくなった感じがする」

「一番大切なことは『信頼』があるかどうかなんだ。助けてもらえる人というのは周りの人のことも助けることができる人、そういうお互いの信頼があるかどうかなんだ。おつきあいの10の鉄則を教えとくだプー！」

長いおつきあいをしていくための「10の鉄則」

1. 嘘をつかない
2. 時間を守る
3. 他人を誉め、感謝する
4. 嫉妬しない
5. 謙虚さを忘れない
6. 謝るべきときはきちんと謝る
7. 相手のプライベートまで踏み込まない
8. 素直な気持ちで物事に臨む
9. わからないことはわからないと正直に言う
10. ネガティブワードは使わない

プラットフォーマー

社内で場づくりをするにはランチタイムを活用すべし、と意識しはじめたみなみは、努めて仕事のスケジュールを調整し、同僚たちや職場が近い大学時代の友人たちとお昼の食べ歩きをした。

そんなある日、ワイ・ブライダルの青柳社長から連絡があった。

「ご紹介いただいた、神山結衣さんの件で、ちょっとご報告を。先日こちらにお越しいただいてコーディネートプランを提案したところ、とても気に入っていただけたようで、ご契約いただいたんですよ」

「はい、私も昨日、結衣から電話をもらって聞きました。ワイ・ブライダルさんよかった！　って、彼女すごく喜んでました。素敵なご提案、ありがとうございました」

「こちらこそ感謝していますよ。ご紹介いただいたお礼に、神無月さんをお食事に誘いたいと思っているのですが、おつきあいいただけますか？」

「ありがとうございます！　ではお言葉に甘えて、ランチでお願いします。実は行きたいお店があるのですが……」

「それはどこですか？」

「御社の近くに、カフェ・ピアチェーレというお店があるのですが、私のお客さまのお店なんです。せっかくの機会ですので、ご紹介させていただければと思いますが、いかがでしょうか？」

「カフェ・ピアチェーレ？　確か渋谷方面に向かう通りに、そういうお店があったと思いますが」

「青山に3号店がオープンしたばかりなんです。レストランウエディングができそうな、素敵な雰囲気のお店です」

みなみは、ワイ・ブライダルとカフェ・ピアチェーレがアライアンスを組んだらものすごく素敵で夢あふれるビジネスが展開できる、と思っていたのだ。

「もしよろしければ、お引き合わせしたいと思っていたんです」

「喜んで！　色々相談させてもらえるとありがたい」

「私から、そのようにお伝えしておきます」

「なんだかまた、お世話になってしまうなあ」

「そんな……」

ということで、後日、みなみは青柳社長と一緒にカフェ・ピアチェーレに赴いた。

店の入口では、山口社長が直々に出迎えてくれた。そして山口社長と青柳社長は、名刺交換をしながら、

「私、神無月さんにいつもお世話になっている青柳と申します」

「山口です。私も神無月さんにはいつもお世話になっているんです」

と2人がみなみを持ち上げてくれるので、みなみは少し顔を赤らめた。

「本日のランチメニューは、有機野菜と雑穀米のドリアとなっておりますが、アラカルトもございますから、何なりとお申し付け下さい。ではごゆっくり」

山口社長はそう告げて、いったん、その場をあとにした。みなみと青柳社長の2人で気兼ねなく食事を楽しめるよう、気を利かせてくれたのだ。

みなみは、山口社長オススメのランチをいただくことにした。青柳社長もそれに合わせ、「ここはオーガニック野菜が中心だけど、お肉やお魚料理もあるようだから、追加オーダーしましょう」と言って、自然放牧で育ったという和牛肉の炭焼きステー

キ、秋鮭のグリルを注文した。
「私、そんなに食べられるかどうか……」みなみは恐縮しながら言った。

すると、

「それでは、少し神無月さんに取り分けるくらいにしましょうか。披露宴のメニューに肉料理と魚料理はどうしても外せませんから、味見の意味もあるんですからお気になさらずに」と青柳社長は言った。


料理はどれもとてもおいしくて、胃にもたれない。一流店を食べ歩いて舌の肥えているはずの青柳社長も「うまい、うまい」と絶賛していた。

食後のデザートは、米粉のロールケーキだった。ほどよい甘さで、これはみなみもペロリと平らげた。すっかり満腹になり、コーヒーを飲みながらくつろいでいると、山口社長がテーブルに加わった。

「お料理、いかがでしたか?」

「それはもう大満足です」

とみなみは心からの言葉を伝えた。青柳社長はこういう場面に慣れているようで、豊富なボキャブラリーを駆使して賞賛した。

「素材の良さも火加減も抜群ですし、スタッフの方のサービスも行き届いて、とても気分よく食事をさせてもらいました。近くにこんないいお店があったのに、これまで訪れる機会がなかったことが悔やまれるほどですよ。ロケーションもいいし、広さも十分にあるので、50名から60名のパーティに最適のお店とお見受けしますが、こちらのお店をレストランウエディングの会場として使わせてもらうことはできますか？」

と、ごく自然な流れでビジネスの本題に入っていった。

「はい、もちろんです。うちではまだ何の実績もないのですが、もし使っていただけるなら大歓迎です」

「そうですか。ぜひ、提携をお願いしたい。詳しいことは、これから詰めていくことにして」

「ええ、よろしくお願いいたします」

顧客の社長2人がこんな会話を交わしているのを、みなみはお見合いの仲人のような気持ちで見つめていた。両社の相性はバッチリよさそうだから、きっとうまくいく、双方の事業が大きく発展していく、と思えた。

みなみは次のアポがあったので、ひと足先に失礼することにした。みなみが席を立つと、青柳社長と山口社長はわざわざ立ち上がって見送ってくれた。

「みなみ、よくやった！　自分を〝場〟として活動することができたね。もう立派なプラットフォーマーだプー！」

ぷ〜にゃんはおしりをフリフリしながら、辺りにも聞こえるくらいの大きな声でみなみに話しかけた。

みなみは、「うちに帰ってから、またゆっくり話を聞かせて」とぷ〜にゃんの頭をポンと叩いた。

「痛っ。そんなに強く叩くことないじゃん！　あっ、コンニチハ〜、サヨウナラ〜」

ぷ〜にゃんが大声を出したので、通り過ぎる人々が一斉にみなみをジロリと見たが、みなみはクスッと笑ってスキップをしてその場を立ち去った。

カレー×ラーメン

その夜、ぷ〜にゃんは特別講義をするからしっかり聞くようにと言って、みなみをベッドの上に正座させた。

「え～、もう眠いよ。寝ながら聞いちゃダメなの？」

「これは大事なポイントだから、心して聞くんだ。要点をまとめて手短に伝えるから、頭に刻みつけるようにプー！」

「はい、先生、よろしくお願いしま～す」

「ではまず。ワイ・ブライダルがなぜ成功したか、みなみのわかる範囲でいいから答えてみなさいだプー！」

「え～と、それは青柳社長が元テレビ局のディレクターで顔が広いから、そして、結婚式場とかにも知り合いがたくさんいて、フリーでウエディング・プランナーをしている女性の知り合いも何人かいて、お料理ケータリングの会社、ドレスショップ、お花屋さんにも顔が利くからだと思うけど？」

「うん、それだけ？」

「あと、どんなこと？　私、わかんないよ」

「青柳社長が経営するワイ・ブライダルと、同業他社の違いはどこにある？」

「あ、それならわかる。披露宴会場を感激の涙で包み込むような、新郎新婦の愛のストーリーをビデオにできることだっ」

「ピンポーン、正解。社長は長年、テレビ番組のディレクターとして映像づくりに携わってきたから、ビデオ制作のノウハウの蓄積ができていたんだ。さらに元局アナである奥さんのプロフェッショナルなナレーションと司会という強みが掛け合わさった。強みを2つ掛け合わせると、誰にもマネのできない強みになる。こうやって、差別化を図っていくんだプー！」

「強みを2つ持つ、ということがポイントなのね？」

「カレーに詳しい人はたくさんいる。ラーメンに詳しい人もごまんといる。だけどカレーとラーメン、どっちにも詳しい人はそうはいない。ワイ・ブライダルは業界において、ほとんど唯一無二のカレーラーメン名人になったことで成功したんだプー！」

「う〜む、そうだったのか！」

「みなみにとってのカレーは何か、ラーメンは何か、見つけることだプー！」

「また宿題ができちゃった」

「でも今夜はもういいよ。ゆっくりおやすみだプー！」

と言ってぷ〜にゃんは、話しかけても返事をしなくなり、ただのぬいぐるみに戻ってしまった。みなみも布団にくるまって目をつぶると、たちまち深い眠りに落ちた。

雅美の挑戦

みなみがいとこの雅美の入院先で似顔絵を描いてもらってから、早くも2カ月が過ぎようとしていた。雅美は術後の経過がとても順調だったので、予定よりも3日早く退院し、今は自宅で療養している。みなみは、仕事帰りにちょくちょく雅美のマンションを訪ね、掃除や洗濯、料理を手伝ったりしていた。

「仕事が忙しいのに、いつも悪いわね」

「いいの、いいの。彼氏ともすっかりご無沙汰で、他に行くところもないから。あっ、だけど仕方なくて来たわけじゃないよ。雅美ちゃんに会いたくて来たんだよ!」

「わかってるわよ。うふふふ」

そんなふうに2人で笑い合っていると、みなみも雅美も、病気のことなど忘れることができた。

そして9月も半ばを過ぎたある日曜日、みなみは雅美のためにお昼のサンドイッチと果物、ケーキを買って行こうと思いついた。先日、雅美からは『元気だよ〜。仕事も再開したよ〜！』とメールがあった。みなみは、「最近の雅美ちゃん、どんなイラストを描いているのか、ちょっと見せてもらおうかな」と思っていたのだ。

みなみがマンションに着いたとき、雅美はノートパソコンをいじっていた。何をしているんだろう？　とみなみものぞき込んで見た。

「インターネットの世界っておもしろいのよ。乳がん闘病記のブログもたくさんあって、色んな人が経験談を語っているの。ブログを読んだ人も自分の経験や思いを書き込んでいて、そういうのを見ると、みんな同じような不安や悩みを抱えているんだなあって、身につまされる。手術が成功したのはよかったけど、転移再発したらどうしようって怯えている人がとっても多いのよね。抗がん剤の副作用に苦しんでいる人も大勢いる。私も週に1度、抗がん剤の点滴を受けに病院に通っているから、他人事じゃないわ。それで、私にも何かできることはないかなと考えて、コメントを送るようになったの。抗がん剤のあと、私の場合はよく冷えた炭酸飲料をちょっとずつ飲むようにすると吐き気が収まるよとか、気分が落ち込んだときはネットで落語を聴いています、とかね」

「雅美ちゃんは病院でもお友だちを何人もつくったけど、ネットの世界にも仲間が増えたっていう感じね？」

「うん。同じ思いを分かち合える人がたくさんいると、力が湧いてくる。だけどねえ、体がだるくてたまらないときもあるし、吐いてしまうこともあって、こんなに体調悪いと、もう仕事なんかできないんじゃないかって悲観的になっちゃうことがあるの。抜け毛や肌荒れも気になって仕方ない。私、髪がすっかり薄くなっちゃったでしょ。こういうのって、女としてはかなりきついわ」

「そう、大変だよね。でも雅美ちゃん、気持ちはわかるけど、髪が薄くなってガックリくるのは、女性よりもむしろ男性じゃない？」

「あはは、そうかも。薄毛やハゲを気にする男性は多いもんね。女性は、髪が抜けてもまたすぐ生えるらしいから、あんまり落ち込む必要ないか」

「そうだよ、抗がん剤の治療が終われば、きっと元通りになるよ」

「そう信じてやっていかないとね。クヨクヨしたってはじまらないものね」

「少し、寝ていたほうがいいんじゃないの？」

「今日は気分がいいから、起きていて平気。仕事は当分セーブするけど、新しいことはじめたから、やること色々あるのよ」

雅美はそう言ってパソコンを操作し、レモンとオレンジを描いたイラストが表紙を飾るブログを開いて見せた。ブログのタイトルは「病気になったおっぱい」だった。

「これ、私が開設したブログなの。おっぱいの病気になっちゃったけど、病気をきっかけに、これまでの生き方や考え方をちょっと変えてみたら、以前よりずっと元気になれたよっていうことを伝えたい。私の描いた絵も見てもらいたい。そうやって色んな人とつながることで、病気を乗り越えられるんじゃないかと思う」

どれどれ、とみなみも読んでみた。

『抗がん剤治療をし出して2カ月経ちました。今日は吐き気も頭痛もなく、わりと楽です。だけど髪の毛は3割減っていう感じかな。長い髪がどんどん抜けていくのはつらいから、思いきってショートヘアにしてみたけど、頭の上から日光があたったりすると、地肌が透けて見えちゃう。みなさんは、どうですか?』

雅美は日々の出来事や体調、気持ちの変化を綴《つづ》っていた。雅美自身の手による自画像が2点添えられている。ふさふさのロングヘアをなびかせている雅美と、透け感のあるショートヘアの雅美だ。

雅美のブログはイラスト満載で、文章は読みやすいように短くまとめられているので、けっこう人気があるようだ。記事をアップすると、それに応えて続々とコメントが集まるのだという。

『私は第3期までがんが進行しているから、強い抗がん剤を使わないといけないんです。髪の毛、全部抜けちゃいました』

『私なんか、ヅラかぶってます』

『すっかり写真嫌いになりました』

『私は70過ぎです。昔のアルバムを眺めては、私も若い頃は元気できれいだったなと、ため息ついてます』

『写真よりも絵のほうが、温かみがあっていいと思う』

『実物よりも可愛く、きれいに描いてもらえるといいな』

「うわあ、ホントに色んな人が色々書き込みしてる、情報を交換し、共感し合ってる、全国に仲間がいるっていう感じ！」とみなみは目を輝かせた。

「ねっ、けっこう反響あるでしょ？　だから私、写真を送ってくれるなら無料で似顔絵を描いて送るというサービスをはじめることにしたの」

「そういうこと思いつく雅美ちゃんって、私、大好きだよ！　応援するよ！」

「ホント？　だったらみなみ、病院で描かせてもらったあの絵をブログの表紙に使ってもいい？」

「えっ、私の似顔絵を？　なんで？」

「あの絵は私の再生のシンボルだから」

「そうね……、そういうことなら、私もＯＫ！」

こうして、雅美はブログのリニューアルをすることになった。そしてさっそく、「似顔絵サービス」の告知をしたのだった。

情報発信

雅美は「似顔絵サービス」が受けられるのは乳がん経験者だけ、と限定していたが、「患者ではないけれど、このブログおもしろいから読んでます。似顔絵、描いてもらえませんか」という声もあった。

乳がんと闘っている人、そうでない人も含めて、毎週1000人以上の読者が雅美のブログを訪れているのだ。そして毎週、2〜3人が「似顔絵サービス」を希望し、写真と手紙を送ってきた。中には、タダで描いてもらうのは悪いからと、一万円札が同封されていることもあった。写真とは別便で、お米や果物といった地方の名産品が届くこともあった。

ネットの世界では口コミが広がるのも早い。雅美のブログは、開始してまだ数カ月なのに、週間閲覧数が1000から5000へと大きく跳ね上がり、人気ブログランキングのある部門では、上位にランクインすることもあった。しかしそうなると、雅美の負担も増える。

「正直、かなり大変だけど、似顔絵を通して人とつながりができるのはうれしい」と雅美は喜んでいた。

雅美の本業のほうにもよい影響があった。「この人に似顔絵を描いてもらうと元気になる、いいことがある」と評判を呼び、雑誌に何度か取り上げられたのだ。すると、著名人からの仕事のオファーや本の表紙やCDジャケットなどの話も舞い込むようになってきた。

「みなみもブログ、はじめてみたら？　自分の好きなことをテーマに書いていけばいいのよ。みなみは営業職だから、どんどん新しいつながりをつくっていくといいんじゃない？」

「うん、やってみたい！　だけど私、ブログの立ち上げ方がよくわかんないい」

「ブログ自体は無料で誰でも簡単にはじめられるよ。本格的にはじめるなら、ウェブデザイナーを紹介してあげる。プロに仕事を頼むんだから、ノーギャラというわけにはいかないけど、私は日頃のつきあいがあるから、お友だち価格でやってくれると思う。みなみは何も支払わなくていいからね。似顔絵を使わせてもらったお礼よ！」

みなみは雅美の申し出をありがたく受けることにし、ブログの構想を練った。タイトルは『25歳ＯＬのアフター5』とし、美容やネイル、食べ歩きなどについて情報発信することにした。

しかし、いざはじめてみると、まったく閲覧数は上がらなかった。1日1人でも読者が訪れればいいほうだった。

「なんで？　どこがダメなの？　雅美ちゃんのブログとは何が違うのかな？」

ぷ〜にゃんにきいてみると、「全然違うだプー！」と即答された。

「雅美さんは、自分の得意分野である〝似顔絵〟を無料でサービスするということを強みにしていた。さらに『乳がんを経験した者同士、励まし合っていこう』という姿勢も共感を生む。こういう強みが2つ掛け合わされて、雅美さんのブログはブレイクしたんだプー！」

「私のブログには、強みが1つもない？」

「はっきり言って、ない。強みも個性もまるでないんだプー」

「え〜、だったらどうすればいいのよ」

「銀行員のみなみが美容やネイル、食べ歩きのことなんか書いても、他にも似たようなブログはたくさんある。みんなが知りたがっているのは、趣味のレベルじゃなく、プロの意見なんだから。自分が好きなこと、楽しいと思うことだけ書いても、人は喜んで読んでくれない。それはみなみ自身だってそうなんじゃないかプー！」

「う、そう言えばそうかも。このコスメが好きとか、こんなお店に行ってみたらすごくおいしかったとか書いてあっても、『ふ～ん、そうなんだ』で終わってしまって、すぐ忘れちゃうことがほとんどだなあ。読者登録とかもしないよね。でもコスメ試供品がもらえるとか、お店でクーポン使えるよとかいう情報だったら、絶対ブックマークや読者登録するけど」

「そこまでわかっているなら、みなみも世の中のニーズがありそうなテーマを見つけて書いていくといいよ。今まであまり注目されていなかった分野で、どんな商品やサービスが求められているのか考えていけってことだ。強みを掛け合わせるカレー×ラーメン作戦さ。そうすれば、他と差別化を図れる。雅美さんがやったのは、まさにそれなんだプー！」

オンリーワンのテーマ

ぷ～にゃんによる講義は続いた。

「狙い目は、世の中のニーズがありそうな分野、今後成長性がある分野もいい。よく『登りのエスカレーターに乗れ！』って言うよね。市場が拡大していると誰もが成功しやすい。ただ最初にやらないと競争はすぐに激化してしまう。そういう意味ではニッチなジャンルは狙い目なんだ。ニッチっていうのは、要するに隙間《すきま》のこと。たとえば、冷蔵庫と食器棚の間に5センチくらい隙間が空いていたとして、この空いたスペースを何かに利用できないかなって考えてみるのだプー！」

「えーと、冷蔵庫の横にマグネット式のフックを取り付けて、タオルや鍋つかみを掛けておこうかなとか、お父さんの釣り竿を立てかけておくのにちょうどいいとか」

「ほらね、ちょっと考えただけで、色々アイデアが湧いてくるじゃないか！　みなみ自身が不満や不便を感じていることを探してみるのだ。そこに世の中の潜在的なニーズがあるはずなんだプー！」

「便利な商品やサービスが行き届いていない分野って、今の日本でそんなにあるのかな」

「儲かりそうもないと思って、誰も見向きもしない分野があるよ。そういう分野で、新しい商品やサービスを開発していくといいんだプー！」

「なんだかむずかしそう……」

「そんなむずかしく考えずに、ブログの世界のニッチなジャンルを探してみるんだ。今はみんなが見向きもしない分野で、見落とされていることは何かなって考えて、みなみにしかできないオンリーワンのテーマを深く掘り下げていくんだ。『誰かの問題を解決するための情報』であれば間違いない！　みなみにとっての『カレー×ラーメン』を情報発信していくってことなんだプー！」

「そうすれば話題になって、雅美ちゃんみたいにブログも仕事もブレイクする可能性がある？」

「その通り！　それにみなみはもう、自分にとってのカレー×ラーメンを見つけているよ。自分にどんな強みがあるか、気づいていないだけ」

「えっ、そうなの？」

「銀行員のみなみにとってはごく当たり前の知識や情報も、一般の人にとってはなじみが薄いんだ。しかも女性であることはそれだけでかなり差別化だプー！」

そこでみなみはハッと気づいた。今まで多くのお客さんにきかれてきたのだ。「どうして全額融資してもらえなかったんですか」「どうすれば、融資してもらいやすくなるんでしょうね」と。

世の中には、新しい事業をはじめるために資金を必要としている人はたくさんいるが、計画通りに融資を受けられない人がほとんどだ。なぜ断られるのか、どうしたら問題点をクリアできるのか、お客さん自身にはわからなくても、銀行員であるみなみにはわかる。手に取るようにわかってしまう。

「融資が通りやすい書類の作り方っていうものがあるし……。そうか、そういう情報を提供していけばいいいんだ！」

「うん、みなみ自身は、こんなのたいした情報じゃないと思っているかもしれないけど、融資を望んでいる人にとっては、ものすごく価値のある情報で、それこそ喉から手が出そうになっているかもしれないのだプー！」

「その路線でブログをリニューアルしてみるよ。私が一銀行員という立場にあるからこそ、私を信じてブログを読んでくれる人がきっといるはず。それが私の強み！」

だけど、もう1つの強みは何？　私は他にどんな強みを持っているのだろう。となみは自問した。

「私が人に教えてあげられることが他にもあるとしたら……銀行に融資の相談においでになるときはできるだけ元気よく、活力に溢れて見える服装でいらして下さいねとか、そういうことかな」

「いいね、そういうことをもっと詳しく聞きたいっていうお客さんはたくさんいるはずだ。ブログで情報発信するだけじゃなく、いずれはみなみも独立して、個別カウンセリングをするっていうのもアリだと思うよ。みなみの人生はみなみのものだから、月にどれぐらい仕事をして、いくらぐらい稼ぎたいか、自分で目標を立てて達成していくんだ。まずは市場があるかどうかをOL時代に行うべし。ただ銀行員の守秘義務などもあるからそこは絶対に守るように。信頼がすべてだからね。さぁ～自分の人生の社長になるんだプー！」

「それ、いいね！　仕事を通じて学んだこと、いつの間にか詳しくなっちゃったことを人に教えればいいんだね。なんかがぜんやる気になってきた！　私も自分の人生の社長になるっ」

「最初はタダで情報提供する。信頼ができてきたらそのうち、お金を払ってもいいから話を聞きたいという人が出てくる可能性もある。お金は感謝の対価としてもらうもの。人の悩みや不満を解決できれば、お金は後からついてくるものなんだプー！」

「そうなれるように、お客さんひとりひとりのツボにはまる提案をしてみるわ。融資をスムーズに通すには、財務諸表も大事だけど、お客さん自身がきちんと返済をする人かどうかを感じさせる存在にならないとだめなのよね。たとえばね、細山酒造の社長さんはネクタイをしているときよりも、襟元にふんわりとスカーフを巻いていらっしゃるときのほうがだんぜん素敵なの。いかにも酒造メーカーの2代目社長さんらしい育ちのよさと誠実さを感じさせる。逆に成金趣味だったりすると怪しい人かどうかチェックしなければと思ってしまうし。オフィスがやたら豪華なのもマイナス。そんなご提案もさせてもらっちゃっていいよね？」

「それだよ、みなみのもう1つの強みはそれかもしれないプー！」

しかし、顧客にそんな提案をしてどう思われるか、みなみははっきり言って、あまり自信がなかった。面と向かって、「あなたはこういう服装をすると好印象ですよ」などと言われたら、気分を害する人もいるかもしれない。

「ストレートに言わずに、他人事《ひとごと》のように話してみたらいいんじゃないかな？　世間話のついでに、そういえば何かの本で読んだのですが、第一印象は会って最初の3秒で決まっちゃうんですってね、とかさ。そういう話の流れで服装のことに触れれば、不自然ではないし、押しつけがましくならないと思うんだプー！」

「よし、その手でいくわ！」

将来は自分も独立することができるかもしれないと思うと、みなみは心が躍った。

それにはまず、ブログの読者を増やしていくことが先決だ。ネット上に設けた〝場〟に大勢の人に集まってもらって、色々な情報を交換していこう。ＳＮＳやメルマガ、ツイッターなども同時に開始していこう。

それにはまずは、みなみがつくった〝場〟に多くの人に集まってもらい、多くの情報を集めることが成功の鍵だ。波長の合う仲間を増やし、みんなが心地よく過ごせる場をつくっていこう。そして、みんなの役に立ち、喜んでもらえることをして、お金を得られたら最高だ。

「自分の好きなことや楽しいことをやっていくだけではダメなんだ。自分が得意なことで、誰かの問題を解決してあげることこそ、自分を活かせる道なんだわ。それこそ私にとって『最高』の仕事だわ！」

ぷ～にゃんに言われるまでもなく、みなみは自らそう考えられるようになっていた。

カレーに詳しい人、
ラーメンに詳しい人はごまんといる。
しかし、カレーとラーメン、
どちらにも詳しい人はそうはいない。

第6章

天職

便乗作戦

みなみのブログは『25歳ＯＬのアフター5』から『銀行ウーマンが教える　銀行と上手につきあう方法』に模様替えした。途端に閲覧数が増え、週に50人ほどの読者が集まるようになった。

それから1カ月もすると、読者から個別相談が寄せられるようになった。

『地元の信用金庫に融資を断られてしまった』

『書類作成したが不備な点が多くて差し戻されて困っている』など、相談の内容は様々だった。

みなみは寄せられる数々の相談を読み、考えられる限りの解決策を匿名の相談という形に変えて回答をしていった。もちろん無料で。すると徐々に、銀行融資が受けられなくて困ったときの〝駆け込み寺〟的なブログになっていった。検索エンジンでも「融資」「失敗」などの用語で上位に掲載されるようになってきたため、いわゆるＳＥＯ対策（検索エンジンで上位になるための対策）として、キーワードを意図的にブログに入れて書くことや、関連するサイトへのリンクを貼ることも地道に行った。

みなみ自身にも勉強になる点が多々あった。多くの読者からニーズを聞き出すことで、顧客が銀行に何を求めているか、より深く理解できるのだ。

ブログで提供するネタを仕入れようという意識も働き、みなみは銀行業務にいっそう気合いが入った。ブログと仕事の相乗効果が表れてきた気がした。

「ブログをはじめることで、こんなにも変化があるとは思わなかった。やってみて初めて見えることってたくさんあるのね」

「1段登ると景色が変わるんだ。ともかく1歩踏み出す勇気を持つことが大事だプー！」

「人の相談に乗って、できるアドバイスをするのって私の天職なのかな？ 1歩踏み出して、ホントによかったー」

みなみは1人つぶやいた。

みなみとしては、もっと読者数を増やしたかった。現在のブログ読者登録数は

100人ほどで、これをなんとかして1000人まで引き上げたい。

「ねえぷ～にゃん、何かいい方法ないかな？」

「みなみよりも人気のあるブロガーの力を借りるといい。その人とアライアンスを組んで、お互いの読者にお互いのサービスを紹介しあうんだ。そうすればみなみのやっていることが一気に多くの人に伝わる。みなみも一躍人気ブロガーになっていけるかもしれないだプー！」

「取引先に、全国的に名の知られた有名な社長さんがいるから……頼んでみようかな」

「それもいいけど、その前に忘れちゃいけない人がいるだプー！」

「あ……雅美ちゃん！」

「そう、みなみには雅美さんという強い味方がいるじゃないか。しかも、雅美さんのブログにはみなみの似顔絵が貼られているんだからリンクを貼って、この似顔絵は私ですって宣伝すれば、雅美さんの読者も興味を持って、みなみのブログを読んでくれるようになるかもしれないだプー！」

「名案だわ！」

「今はみなみも雅美さんも、それぞれ別の世界に向けて発信しているけど、2人が手をつなぐことで、2人分の専門能力が持てる。みなみの読者の中にもイラストをお願いしたい人がいるかもしれないし、雅美さんの読者で金融相談を受けたい人もいるかもしれない。手術などでお金もかかるし保険の相談もあるかもしれないよ。WIN－WIN、つまり双方ともお得ということだプー！」

みなみはさっそく雅美と話し合い、互いのブログにリンクを貼った。

「あとねえ、私と雅美ちゃんが共同で取り組めることは他にもないかなって考えてみたんだけど」とみなみはいくつか提案をした。

「私のブログを読んでくれる人は、新規にお店を持とうとしている人が多いの。そういう人向けに、店舗のロゴマークや印刷物のデザインの相談に応じますよというページをつくったらいいんじゃない？　雅美ちゃんの仕事につながると思う」

「それ、いい！　やって、やって！」

雅美も乗り気だった。

「雅美ちゃんのブログを読んでいる人の中には、病気で仕事ができなくなってお金に困っている人や、資産整理を考えている人もいるんじゃない？　そういう人たちへの情報提供や相談のページをつくってみるのもどうかしら？」

「うん、きっと喜ばれると思う。お金のことは本当に切実な問題だもの」

さらにみなみは、女性の起業家、開業、不動産投資に関するホームページやブログにもリンクを貼った。

「みなみ、いいところに目を付けたよ。そうだよ、プラットフォーマーっていうのは、自分で何もかもやろうとせず、自分にはない能力を持っている人の力を借りて、自分のメニューとして提供していくんだプー！」

みなみと雅美のアライアンスにより、双方とも徐々に読者が増えはじめた。そして、みなみのブログに、店舗ロゴマークを制作して欲しいという第1号の相談が舞い込んだ。それは、「カフェ・ピアチェーレ」を経営するサンライズ社の山口社長だった。

みなみはさっそく山口社長に会いに行った。

「社長、いつもブログをお読みいただいているとのこと、本当にありがとうございます」

「神無月さんのブログは読み応えがありますよ。経営者が知りたい情報がたくさん載っていますからね」

「そう言っていただけると、とても励みになります」

「おかげさまで、うちも業績は順調でね、表参道に4号店をオープンすることになりました。これから内装を進めていく段階です。今回の店はこれまでとは少し趣向を変えて、斬新なコンセプトを打ち出したいと思っているんですよ。ついては、店のロゴマークをはじめとして、看板、名刺、包装紙など、デザインを一式お任せできる人を探しているんです。神無月さんがリンクを貼っているクリエイターさんのブログを拝見して、あの方がいいと思いまして」

「はい、私も自信を持ってお勧めします。私のいとこなんです。近々お店にお連れしていいですか」

「よろしく頼みます。新規開店にあたっては、融資もお願いすることになるので、神無月さん、担当してくれますよね。今度はあなたの上司も断れないと思いますよ」

と言う山口社長の声に力がこもっていた。

ソフトな印象はそのままに、揺るぎない自信を感じさせる声と口調。すごくいい感じ！　とみなみは惚れぼれした。

参加型カフェ

数日後、みなみは雅美と一緒に、「カフェ・ピアチェーレ」4号店の内装工事現場へ赴いた。そこで山口社長に会い、新店舗の構想について説明を受けた。

「カフェ・ピアチェーレ」は、オーガニックの食材やインテリアを使ったナチュラルテイストのカフェ・レストランだ。4号店でも「オーガニック」「ナチュラルテイスト」のコンセプトを継承するが、これまでとはひと味違ったお店にしたい、と山口社長は語った。

「4号店のコンセプトは、〝変化するお店〟です。単に外観が変わるだけでなく、店内の空気も日々変化していくというイメージですね。変化していくことのおもしろさ、すばらしさを集大成したお店にしたい。そういう想いが伝わるような素敵なロゴデザインをつくっていただきたい」

というのが山口社長の要望だった。

新しい店の特徴はなんといっても、正面の壁にある。全面ガラス張りの壁の内側に、高解像度の液晶モニターをいくつも設置し、映し出す映像を日毎変える計画なのだという。つまり、カフェの外観が毎日変化するのだ。

都会の真ん中に突然、森のカフェが出現したように見える日もある。カフェ全体が真っ黒な闇に包まれている日もある。縄文時代を思わせる集落の景色が映し出される日もあれば、晴れているのにその一角だけ雨が降っているように見える日もある。今日はどんなカフェになっているかなと、予想もつかない変化を楽しみに通って来るお客さんもきっと多いはず、とみなみも雅美も胸がワクワクした。

雅美はより正確にイメージを把握するために、さらに突っ込んだ話を聞きたがった。

「私はイラストレーター兼デザイナーとして、いくつか質問をさせていただきます。まず、店内の空気も日々変化していくというイメージですが、それはたとえば、メニューも毎日変化するということですか?」

雅美がきくと、山口社長はしばらく考えた後、こう答えた。

「もちろん、日替わりメニューを用意する予定です。でも、それだけじゃつまらない」

「では、『人が変化する』カフェにしたらどうかしら?」

とみなみが声をあげた。

「人が変化するって、従業員の顔ぶれが変わるってこと？」

「うーん、そうではなくて、人の意識が変わるから、お店が提供するものも変わっていく、というイメージなんですけど」

「なんか漠然としていてむずかしいな」

山口社長は腕を組んで考え込んでしまった。

みなみは、たどたどしいながらも説明を試みた。

「今、私たち3人はそれぞれが持っているイメージやアイデアを出し合ってプランを練っていますよね？　ここにまた1人加わると、さらに違う発想が生まれると思います。そしてより魅力的なアイデアに変わっていきますね、きっと。これって、すごく楽しい変化だと思いません？　人は、他人にアイデアを提供されるよりも、提供する側、つまり受身ではなく能動的に情報発信する側になれると、自分は価値ある人間だって思えるし、ものすごく充実感が得られるんです。私自身の経験からいって、参加意識があれば真剣度も違ってきます。人が集《つど》い、こんなふうに変わっていこうよとアイデアを出し合うことで変化していくカフェ、成長していくカフェになったらいいかなって。具体的にどうすればいいかまでは、よくわからないけれど」

「人が集うことで成長していくカフェか。おもしろいね！　その方向で考えてみよう」

その後も連日のように集まっては、長い時間をかけて打ち合わせを重ねていき、オープンの一歩手前というところまできた。

「カフェ・ピアチェーレ」４号店はオープン前から雑誌にも取り上げられ、「行くたびに違う店に変化するカフェ！」と見出しが躍った。

掲載記事の中に、山口社長の談話があった。

『これまでにない、まったく新しいコンセプトのカフェが表参道に誕生します。店の外観は、あるときは森の中の緑のカフェ、またあるときは海辺に佇む水色のカフェというように様変わりしますから、きっと驚かれることでしょう。店内の様子も日ごとに変わっていきます。このお店に一度でも足を運ばれたお客さまは、アイデアを提案することができるんです。いわばみなさんがつくるお店なんです。ご希望のお料理メニューを、できればレシピ付きで提案していただけるといいですね。その他、店で使う食器、家具、観葉植物、音楽、外壁に映し出される映像など、何もかもが、ここを訪れる無数の〝共同経営者〟のアイデアによって無限に変化していきます』

雑誌の記事の影響で、みなみの勤める銀行では、「カフェ・ピアチェーレ」4号店の新規オープンについて知らない人はおらず、融資は何ら問題なく通すことができた。

「外装も内装もほぼ整った。厨房スタッフ、サービススタッフも粒ぞろいの人材がそろった。あとは音楽だな……。これを最後まで残しておいたのは、実は僕自身がとても楽しみにしているからなんですよ」

と山口社長は言った。社長は音楽の造詣《ぞうけい》が深く、素人ながらも強いこだわりを持っている。しかし、どうしても新しい店のイメージにしっくりくる音楽ジャンルが思い当たらないのだという。

「ルネサンス音楽でもないし、ヴェネツィアバロックでもない。20世紀前半の現代音楽もイメージが合わない」

みなみも雅美も音楽といえば、J－POPくらいしかわからず、山口社長の話にまったくついていけない。その間中ずっと、みなみの頭に浮かんでは消え、消えては浮かんでくる人物がいた。もう半年近く会っていない淳だった。

「社長、店で流す音楽も、お客さまの提案によってどんどん変化させていくイメージですよね？」

「もちろんそうですが、最初は店のほうで音楽を用意しておかなければ」

「1号店から3号店では、どういう音楽をかけているのかしら」

「その日の客層に合わせてヒーリングミュージック、ボサノバ、レゲエ、ジャズと色々な音楽を流しているけれど……僕の理想はね、4号店ではオリジナルの音楽をつくって、お客さんに聴いてもらうことなんです。これがカフェ・ピアチェーレの音楽だと言えるものをクリエイトしたい」

と山口社長は夢を語った。

これを聞いてみなみは、今すぐ淳に連絡を取ろうと決めた。

淳の天職

「久しぶりです。私、今、お客さんのところで打ち合わせ中なんだけど、新しくオープンするカフェで流す音楽の件で相談に乗ってもらいたいの。できればオリジナルの音楽をつくって流したいというご要望なのよ。もしもし、ちゃんと聞いてる？」

「聞いてるよ」

と面倒くさそうな淳。山口社長は、「電話、代わろうか？」と身振りで合図した。みなみはちょっとためらったが、社長は「いいから、いいから」とスマホをもぎ取ってしまった。

「突然の電話で失礼します。私、山口と申します。もしご迷惑でなければ、ご意見を聞かせていただきたいのですが……」

そう切り出した山口社長。そして、みなみにはわからないマニアックな音楽の話題を次から次へと繰り出していった。その様子から察するに、淳も次第に心を動かされ、積極的に応じているらしい。山口社長の声と表情がパッと明るくなり、いよいよ話に熱を帯びていく。

結局、30分にもおよぶ長電話になった。山口社長は、「彼に直接会って話したい」と言うのだった。「あ、つい話に夢中になって、お名前をうかがうのも忘れていたけど……」

「今井です、今井淳といいます」

みなみは再び淳に電話をかけ、社長と直接会って欲しいと頼んだ。みなみが相手だと、淳は相変わらず面倒くささそうにしていたが、でも、来ないとは言わなかった。

翌日、淳を交えた3人で会うことになり、4号店のことを話し合った。音楽の話になると、淳はいつになく雄弁だった。

「無限に変化していくカフェというコンセプトを聞いて、僕はミニマルミュージックが一番いいんじゃないかと思いました。音の動きを最小限に抑え、パターン化された音型、つまり同じメロディーを反復しながら、少しずつ変化させていくんです。オリジナルのミニマルミュージックを何曲もつくって、つなぎ合わせましょう。既存のメロディーをミニマルミュージックに変えていくという手法でもいいでしょう。ただ、いつもワンパターンだと飽きられてしまうので、違うジャンルの音楽も間にはさみます」

こんなふうに楽しそうに話す淳を見ていると、みなみは「昔の淳だ!」と胸が熱くなった。そして、みなみは今さらながら驚いてしまったのだが、実は淳は、音楽に対する興味・関心・知識が並外れていた。

「なるほど、ミニマルミュージックか。それは考えつかなかった。おもしろいことになりそうだ」

山口社長も納得したようだ。そして、「今井さんはまだ若いのに、音楽のことをほんとによく知っている」と感心していた。みなみは自分がほめられているような気がしてうれしくなった。

淳は自分の意見が受け入れられたことで気をよくしたようで、問わず語りに自分の経歴を話しはじめた。

「僕、学生時代はずっとバンドをやっていて、プロのミュージシャンを目指していたんです。でも、一度レコード会社のオーディションを受けて、プロデューサーの人にボロクソ言われちゃって……。今の自分の力ではプロはとうてい無理だなとわかりました。それでもやっぱり音楽に関わる仕事に就きたい気持ちがありまして、今も曲づくりはしています。たまにＹｏｕＴｕｂｅにアップしたりして……たまたま曲を聴いてくれた映画会社の人から、新作映画に使う曲をいくつかつくらないかと言われまして……。ここ数カ月はその仕事に追われていましたが、どうにか目途がつきましたので、今回の件、ぜひやらせて下さい」

え、そうだったの？　ここ何カ月も連絡がなかったのは音楽の仕事をしてたからなんだ……みなみには初耳だった。淳は照れ笑いをしながら続けた。

「社長、お金はいりません。このお店で流す曲、僕につくらせてもらえませんか？　やっぱり僕、音楽やっているときが一番楽しいし、幸せを感じるんです」

熱く語る淳の顔を見て、山口社長は「よし、任せた！」とひと言、張りのある声で宣言した。みなみは心の中で、音楽に関わる仕事は淳の天職だね、とつぶやいていた。

自分に勝った

「みなみ、すごいな。山口社長と雅美さん、それから彼氏の淳まで、色んな人をつなげちゃった。場づくりをして、場を活かすって、こういうことなんだ。これから先が楽しみだ。みなみ1人ではできないことも、色んな力を持った人と一緒にやれば、大きな力になっていくだプー！」

ぷ〜にゃんはおしりをフリフリさせながら手放しでほめてくれた。

みなみ自身、自分の人生が大きく変わりはじめたことを実感していた。たった1つのちっぽけなブログが、新しい出会いを呼び込み、それがまた新しい出会いを呼ぶ。人とのつながりが幸運な出来事をもたらしてくれるのだ、とみなみはしみじみ思った。

この変化の積み重ねが、やがて大きな波をつくっていくだろうと、みなみは確信している。

現に、山口社長は4号店のオープンを機に、「カフェ・ピアチェーレ」のブログにみなみのブログのリンクを貼ってくれた。

「カフェ・ピアチェーレ」のブログは日に数千人が訪れる盛況ぶりで、「お店が提供している料理メニューのベストテン投票」や「カフェ文化を語り合う会」といったコーナーもある。こうしたすべてをきちんと管理するために、専任スタッフがついているほどの人気ブログだ。

そんな〝大御所〟と提携することができたおかげで、みなみのブログ読者は日一日と増えていき、反響もいよいよ大きくなっていった。

みなみはブログ更新と読者の個別相談に並行して、銀行の仕事も引き続き頑張っていた。もちろん、本業は銀行の営業ウーマンなのだが、今やみなみにとって、営業の仕事にブログは欠かせない重要なものとなっていた。

目の前の仕事だけでなく、保険や証券など銀行が提供している業務についてもほとんど独学で勉強して習得していった。なぜなら、ブログ上では銀行員というだけで銀行業務すべてのプロだと思われてしまっていたからだ。こうしてみなみに融資手続きを教えて欲しい依頼が次々と舞い込んでくるようになってきた。

みなみは新たに50人の顧客を獲得し、融資をまとめていった。大口の融資を手がける機会も目に見えて増えていた。

そして、みなみが東都銀行に入行して3年目の12月、ついにみなみは支店の営業1課の中で成績がトップとなった。つねにトップの座を守り抜いてきた藤田課長という強敵を抑えての逆転だっただけに、喜びはひとしおだった。


「やったよ、ついにやったよ、私！　これ、夢なんかじゃないよね？」

「そうだよ、みなみ。みなみは現実にトップの座に輝いたんだプー！」

「すごいよねえ！　自分でもびっくりしちゃう」

「だけど、これがみなみの一番望んでいた結果かどうか考えてみるといいよ。もしそうならばこのままずっと銀行で頑張るといいよ」

「えっと、いや、やっぱり違うかも。藤田課長のことは、もうどーでもいいやって感じになっていたし」

「暮れにはボーナスも出るだプー！」

「もう査定は終わっているだろうけど、臨時の特別報償がもらえるかもね。そうなったら、ぷ～にゃんにも何か贈り物をするよ」

「僕？　僕はコーヒー牛乳たくさん飲みたい！」

「そんなのお安いご用！　いくらでも買ってあげる」

みなみはぷーにゃんと笑い合った。

自分がどこまでできるか知りたいという思いで、この数カ月、必死に走り続けてきた。そして、ついに自分の壁を打ち破った。みなみは勝利の味を噛みしめ、喜びの余韻に浸っている。

思えば、最初はぷ～にゃんの言った「頑張らないでがんばる」のひと言から変化が起こりはじめたのだった。

みなみ自身もそのひと言を口にしてみると、なんだか魔法のようにすっと肩の力が抜けた。無理に力んで頑張るのではなく、イヤなことは軽くスルーしながら、みんなで頑張っていけばいいんだ、と気持ちがラクになった。

顧客に必要とされ、事業展開のお手伝いをさせてもらえることで、みなみはだんだん仕事がおもしろくなっていった。そうなると、銀行の仕事は、お金を通して人の夢を叶えることなのだと心から思えるようになった。

そして、とうとう営業成績がトップになったのだ。その日、みなみは自分へのご褒美に「サロン・ド・リバティ」を訪れ、60分アロマでしっかり自分をねぎらった。

1段登ると景色が変わる。
1歩を踏み出す勇気が大事！

第7章

人生のひとり社長に

噂の真相

年が開けた。銀行は1月4日が初営業日となる。みなみは気持ちも新たに出勤し、上司や同僚のみんなと「おめでとうございます」の新年の挨拶を交わした。

仕事は新年初日から忙しく、お得意様への挨拶回りをひと通り終えたのは、1月ももう10日を過ぎていた。

この時期、銀行上層部では人事異動の計画が着々と進行していく。みなみも人事部の面接を受けることになった。そしてそこで、4月から本店の国際金融部で働く気はあるかと内々に打診された。

「私が本店に？　栄転じゃないの！　しかも国際金融部！」

これは幹部候補への道だと、みなみは承知しているだけに、喜ぶよりもむしろ驚いてしまった。そんなみなみの耳にある噂が届いた。

「ついに藤田課長がうちから消えていなくなるぞ。よかったなあ」

「本店の国際金融部へ異動ですって」

「ま、藤田さんの実力なら、本店に呼ばれて当然かもね」

「だけど最近は営業成績ふるわなかったぜ」

「これでせいせいするっていうのが本心だけどね」

今では、藤田を支持する者は誰一人としていない。しかしみなみはがっくり肩を落としてしまった。本店へ行ってもまた藤田と顔を合わせなければならないのだ。自分の仕事ぶりを上層部に認めてもらえたのはうれしいけれど、藤田から逃れられないのであれば、本店で頑張ってみようという意欲も失せる。

いっぽう藤田は、周囲にどう言われても一向にお構いなしで、いつものように、部下をこき使っていた。みなみに用事を言いつけるときは、目にぐっと力をこめ、「まさかあんた、私と一緒に国際金融部へ行く気じゃないでしょうね⁉ そんなことしたら、ただじゃおかないわよ！」と言いたげに、きつくにらみつけるのだった。

あるとき、みなみが会議室の前を通りかかると、中から藤田の怒鳴り声がもれてきた。

「神無月まで本店に異動って、どういうことなのよ！」

みなみは思わず足を止め、聞き耳を立てた。すると、副支店長の野田がぼそぼそ言っているのが聞こえた。

「昨年末、神無月の営業成績がトップだったこと、キミも忘れたわけじゃないだろ」

「忘れろと言われたって、忘れられないわよ。くやしいったらありゃしない」

「あれで一気に、神無月の人事評価はCからAに格上げされた。人事部としては、これを無視することはできないだろうよ」

「だけど人事評価をするのは、あなたの仕事でしょ。あの子にAをつけることなんか、なかったのよ！」

「そうはいかないよ。そもそも、キミにA評価をつけて支店長という関門を通すだけでも大変だったんだぞ」

「何言ってるの、私はいつもA評価に値する仕事をしてきたわよ」

「そうかな。近頃は営業成績も落ちて、部下の神無月に追い越されていたじゃないか」

「だから何だっていうの⁉　私には長年の経験で培《つちか》ったものがある。若い子にいつまでもやられっぱなしじゃないわよ」

「それを期待して、キミを本店へ異動ということにしてもらったんだ。支店長は、渋々ながら同意してくれたよ」

「ついでに、神無月の異動を取り下げてもらってよ」

「無茶苦茶だな」

「あなた、奥さんにバレてもいいの？　私、言うわよ、ご主人とおつきあいしてますって。人事部長にも支店長にも、本当のことを全部ぶちまけてもいいのよ」

「おい、落ち着けよ。俺にどうしろっていうんだ」

「神無月を叩きつぶしてよ。書類のミスでも何でもいいし、なんか疑惑をでっち上げればいいじゃない」

「何をバカなことを言うんだ。いい加減にしろ！」

「むずかしいって言うんなら、いいわ、私がなんとかする。思いっきり『黒い噂』を流してやるわよ。そうなったら、人事部は真っ青になるわよ。本店だって、黒い噂のつきまとう女を引き受けたりはしない。そうよ、証拠がなくたって、噂だけで十分よ」

藤田はそんなことを平然と言い放った。

一部始終を聞いてしまったみなみは、いたたまれない思いで逃げ出した。副支店長の野田と課長の藤田の不倫関係はこの際どうでもよかった。

「藤田さんは、私のことがそんなにも嫌いなのね。だけど、私がいったい何をしたというの。未熟で迷惑かけたことはあったけど、私なりに頑張ってきたのに……」

やり場のない怒りに思わず手を強く握っていた。

「倍返し」はNG

なんとしてもみなみを本店へ行かせたくない藤田は、人事部の役職者を相手に、執拗なまでに根回しを続けていった。

「折り入って聞いていただきたいことがありまして。実をいうと、うちの課の神無月なんですが、自分の成績のために顧客の何人かと不適切な関係を結んでいるようです。書類をごまかして、本来なら通るはずのない融資も通してしまうこともあったようです。私も直属の上司としてよく目を光らせていたつもりですが、今後のことを考えますと、どうにも心配で仕方ありません」

そんな根も葉もない噂をまき散らしては、みなみを貶《おとし》めていったのだ。

しかし、人事部の幹部は一枚上手だった。藤田に言わせたいだけ言わせ、「それは一大事だ。よく調べてみよう」などと、さも困ったように顔をしかめていたが、腹の中では藤田を嘲笑《あざわら》っていたのだ。

「人事部をなめてもらっちゃ困る。こっちは社員の評価をするプロなんだからね。神無月君が日頃、お得意さんにどう接しているか、ちゃんと調べはついているんだよ」

「藤田君のほうこそ、後ろめたいところがあるだろう。副支店長とのことを我々が知らないとでも思っているのか」

「しかしその件は伏せておくようにと、支店長が判断を下したんだよ。事を荒立てると、支店長自身、立場がないからさ」

「上司の温情に感謝して、おとなしく本店へ行け」

というのが、人事部の最終結論だったようだ。そうとも知らぬ藤田は、どう騒ぎ立てても神無月みなみの本店行きが覆されないことに苛立ちを募らせた。

藤田が率いる営業課においても、藤田の命令を無視する者が増えていった。藤田が部下に残業を命じても、「いや、今日は子どもの誕生日なもんで、すみません」と口先だけ謝り、さっさと帰ってしまう。

「藤田課長にどう思われたって構うもんか。どうせもうじきいなくなっちゃうんだから」と、陰で言い合っている者もいる。

みなが藤田にぞんざいな態度を取り出したのと逆に、みなみに対する扱いはよくなるばかりだった。みなみが本店へ移った後、これまでみなみが担当してきた顧客を自分に任せて欲しいという下心があったのかもしれないが、書類整理や金利計算など、手伝いを買って出る同僚が後を絶たなかった。

「藤田さんと神無月さん、完全に立場が逆転したよな」

誰もがそう思った。

みなみ自身は、周りにチヤホヤされて悪い気こそしなかったものの、「なんか違う」と居心地の悪さを覚えていた。

みなみが望んでいるのは、職場という〝場〟を共有する者同士が公平につきあっていくことだった。気に入らない相手に「倍返し」のイヤがらせをしたり、逆におべっかを使ったりすることなく、「みんながお客さんのことを第一に考え、周りと協力することで自分にできる最良の仕事をしていけたらどんなにいいだろう」と思った。

「その通りだよ。不正は許されないけど、銀行内部でもめているなんてお客さんにとっては迷惑千万だね。そのエネルギーを少しでも外に向けてお客さんに愛される会社になるべきだプー！」

ぷ〜にゃんも真っ赤な顔をして言った。

人事異動

みなみは、本店国際金融部への異動に応じるべきか辞退すべきか、心を決めかねていた。藤田のことなどさほど気にならなくなっているうえ、同じ課のみんなに嫌われていることを哀れんでさえいるのだが、この先も藤田から逃れられないのかと思うと、やはりいい気分ではない。

このまま銀行に勤めていれば、将来安泰だということはわかっている。だがみなみには、経済的に安定した生活を捨ててでも叶えたい夢がある。ぷ〜にゃんの言葉を借りるなら、「自分の人生の社長」になることだ。

安定か独立か——。みなみの心は揺れ続けた。

そうこうするうちに3月になり、人事異動が正式発表された。

藤田早苗――異動　国際金融部国際融資課
神無月みなみ――異動　国際金融部法人営業課

事前の情報通り、2人そろっての異動だった。みなみは会議室に来るようにと呼ばれ、人事部長から異動の辞令を受けた。

続いて、藤田も呼ばれた。藤田がツンとした顔で肩をそびやかし、課を出て行くのを、みなただ黙って見送った。

それからしばらくして、昼休みの時間になっても、藤田は戻ってこなかった。みなみはなんとなく心配になり、会議室前で藤田を待ってみることにした。できれば、今日は藤田と一緒にランチをしたいと思ったのだ。

そして待つこと15分、ようやく藤田が出てきた。

「なんか用？」

と藤田は怪訝《けげん》そうにみなみを見た。

「いいえ、別に用はないんですけど。ランチ、ご一緒しませんか？」

「いいわよ。ついてきなさい」

藤田はいつもの高飛車な口調ではあったが、あっさりランチに行くことを了承し、先に立って歩き出し、地下鉄の駅に向かっていった。

最初で最後のランチ

藤田がみなみを連れて行ったのは、なんと、表参道の「カフェ・ピアチェーレ」だった。

「たかがランチに、ここまで遠出したのはね、あなたとお昼を食べるのは、これが最初で最後だからよ。1時までに社に戻れないなんて心配しなくていい。課長の私が一緒なんだから、堂々と時間オーバーしなさい」

「そうですか。わかりました」

みなみは藤田に逆らおうなどという気はない。せめて1度、ゆっくり話をしてみたかっただけだ。

「このお店、あなたは融資の手続きだけじゃなく、プロデュースもしたんですって?」

席に着くなり、藤田はイヤミのようなことを言った。

「いえ、プロデュースというほどではなく、お店のコンセプトを形にするうえでお手伝いをしただけです」

藤田はじろじろと店内を見回した。壁に取り付けられた液晶モニターに映し出される映像に目をやると、

「あれ、何が映っているの？　海だか空だか知らないけど、ワケわかんない景色ね。ちっともいいと思わないわ」と相変わらずの毒舌ぶりを発揮した。

卓上に、タッチパネル式のメニューが置かれている。ランチメニューは5種類あり、それぞれのメニューに軽く指でタッチすると、メニューを考案した人の名前と似顔絵、簡単なプロフィールが現れる仕組みになっている。

「何これ、まさか素人に料理をつくらせてるの？」

「厨房で料理をしているのは、もちろんプロの方々ですよ。タッチパネルのメニューで紹介しているのは、このメニューのレシピを考えた人のことです。カフェ・ピアチェーレのコンセプトに賛同するファンの人たちが、お気に入りのレシピをブログなどを通じて送ってくるんです。その中から、こちらのシェフが厳選したレシピをもとにお料理をして、ランチメニューとして提供しているんです」

「ふーん」

興味のない顔で藤田はメニューを選んでいた。

退職宣言

その後は、お互いに何を話していいのかわからず、会話は途切れがちだった。無言で料理を食べ終え、食後のコーヒーをひと口飲んだところで、ようやく藤田が口を開いた。

「私のこと、出世のためなら手段を選ばない女だと思ってるでしょ」

「はい、そう思ってます」

「言うわね、ずいぶんはっきりと。ふふっ、その度胸のよさは買ってあげる」

「そう言われましても……」

「私はね、誰にどう思われても気にしない主義なの。出世して、お給料が増えればそれでいいから」

「どうしてそんなにお金にこだわるんですか?」

「こだわる理由？　そうねえ、あなたとはこれからも同じ部署でやっていくわけだから、教えておきましょう」

そして藤田は、身の上話をはじめた。

藤田の実家は中華料理店を営み、商売はまあうまくいっていたのだが、藤田が大学生になってすぐ、父親が病気で亡くなった。次いで、弟が交通事故に遭い、命こそ取りとめたものの、半身不随で寝たきりになってしまった。母親も弟の世話であまり働けなくなってしまった。店は倒産し、一家はやむなく一戸建ての住まいから安アパートに引越し、藤田が塾講師や飲食店でのアルバイトをかけもちしながら、家計を支えた。お金に不自由する暮らしの中で、藤田は何より大切なのは、お金だと実感した。そして念願叶って、東都銀行に採用されたのだ。

「これでわかったでしょ。私は何があっても銀行をやめずに、どんな手を使ってでも、上に這い上がっていく理由が。家族を養うためにお金が必要なの」

そんな複雑な事情を抱えていたなんて……みなみは、初めて聞く藤田の打ち明け話に、ただ驚いていた。

藤田は、みなみにショックを与えることを楽しむかのように、さらに続けた。

「私が大学卒業の頃は、超氷河期と言われるほどの就職難だった。今と違って、銀行の総合職として採用されるのは難関中の難関よ。採用されるのは男性ばかりで、女性はわずか数人程度ね。そのわずか数人に選ばれたのよ、私は。うれしかったわ。これでやっと暮らしが楽になると、母と手を取り合って泣いたわよ。だけどねえ、銀行というところは、毎日が戦いの連続。高い給料を払って雇う価値のある人間だと、仕事の実績を数字ではっきり示すことを求められる。私と同期の女子は、成績が伸び悩んで、次々とよそへ飛ばされていった。飛ばされなかった子も、何年かするとみーんなやめていった。バブル時代に入社したお局たちがたんまりいて、散々いじめられたしね。めげずに残ったのは、私くらいのもんよ。女でここまで来られたのは、私だけ。私は自分の力で生き残ってきたのよ」

藤田は自分の言葉に興奮しながら、マスカラばっちりのマツ毛をパチパチさせ、声を震わせていた。そして藤田はじっとみなみを見つめ、初めて笑顔を見せた。

「あなたもよくここまで来たわね。すぐ逃げ出すと思ったのに」

みなみがどう反応していいのかわからずにすると、藤田はじっとみなみを見つめ、「認めてあげる」と力強い声で言ったのだ。

しかしみなみは、うれしくもなんともなかった。

「私が逃げ出さずにここまで来られたのは……」

みなみは藤田の目を見据え、挑発的なセリフを吐いた。

「ここまで来られたのは、1人じゃなかったからです」

「1人じゃなかったって、あなた何言ってるのよ。あなたがどんな目にあっても、みんな見て見ぬふりをしてたじゃないの。それでも1人じゃなかったって言うの？　お笑いぐさだわ。人は他人のことになんか興味がないの。自分さえよければいいのよ。だから人を信用したら負け。生き残りたいなら、人を頼ったり、信じたりしちゃいけないの。信じていいのは自分だけ」

「それは、藤田課長が人とそういう関わり方しかしてこなかったからじゃないですか？」

とみなみは冷たく言い放った。

「あなたにはあなたのやり方があるって言いたいのね？」

「そうです」

「そのやり方、見せてもらおうじゃないの。銀行員として、この私をしのぐほどの働きをしてみなさいよ。本店へ行ったら、これまでのやり方は通用しないわよ」

「いえ、私、銀行やめます」

みなみが強い口調で言うと、藤田は驚きのあまり、一瞬言葉を失った。

「……あなた本気？」

「人事部長には、もう1日だけ考えさせて下さいとお願いしました。明日、異動を辞退し、退職届を出すつもりです」

「いったい何考えてるの⁉」

「私は藤田さんとは違います。私は1人ぼっちではないんです。たくさんの人に支えてもらってここまで来ました。だから、これからも大切な仲間や友人たちと一緒に頑張るつもりです。銀行ではたくさん勉強させていただき感謝しています」

みなみのこの言葉は、藤田の理解を超えるものだったようだ。藤田はしばし沈黙していたが、「そう、すごい勇気だわ。1人前になったのね」

と、初めてみなみに笑顔でやさしい言葉をかけた。

実現したい夢

藤田は席を立とうとしたが、みなみはそれを制し、1枚のIDカードを渡した。

「このお店には約束事があって、その日食べたお料理のレシピを提供した人のプロフィールを見て、自分だったらこの人にどんなお料理や飲み物を出してあげたいかなと想像をめぐらせて、提供したいメニューのレシピを選び、できればコメントを添えて、カードに記録することになっているんです」

「ちょっと、何よそれ！　それはつまり、お客はただ帰っちゃいけないということ？」

途端にいつもの藤田に戻っていた。

「そうです、ここはお客さんのひとりひとりがお店づくりに参加するカフェですから」

「メニューを考えるのは、経営者に任せておけばいいと思うけど」

「このお店は、一度でも来たことのある人は仮想の共同経営者になれるんです。お店で提供しているお料理と飲み物、そして食器や、インテリアの一部でもある映像など、何もかもが、ここを訪れる無数の共同経営者によって無限に変化していくんです」

とみなみは、いつか山口社長が雑誌のインタビューに答えて言っていた言葉をなぞった。

「それで、あなたは銀行をやめて、この店の共同経営者のボスとして君臨するというわけね」

みなみは首をふった。

「ここにボスなんていません。みんなから寄せられる情報を取りまとめる役割の人はいますし、会社組織として社長を務めている方もいます。でも、ボスじゃありません」

「だったらあなた、これから何をやって生きていくつもりなの」

「商品やサービスを提供する側とされる側の垣根をできるだけなくして、色々な人が集う〝場〟をつくっていこうと思っています。このお店も、そうした〝場〟の1つです。飲食店以外のお店でも、ここと同じような場をつくっていくことはできます。どんな職種、どんな商品やサービスでも、同じことができます」

それがみなみのやりたいことであり、実現したい夢なのだ。

「私、夢を叶えようとしている多くの人に出会って、夢の実現を応援する仕事をはじめるつもりです。国際金融部の仕事に比べたら小さい仕事かもしれないけれど、私はやっぱり、ひとりひとりの夢と直接向き合う仕事がしたいんです。銀行のみなさん、そして藤田さんの力も借りながら」

「バカ言わないでよ。そんなことして何になるの。お金に困って泣きついてきても、面倒見てやらないわよ。銀行をやめなきゃよかった、銀行ほど給料高いところなんてありませんでしたって、後で泣き言を言うんじゃないわよ」

藤田は相変わらずの毒舌だったが、その目はやさしく笑っていた。

みなみのカバンにぶら下がっていたぷ~にゃんは「この人、わかってないだプー!」と小声でつぶやいた。みなみは慌てて、ぷ~にゃんを押さえつけた。

人生のひとり社長へ

その日の夜、みなみは山口社長、雅美、淳の4人は、表参道の「カフェ・ピアチェーレ」に集まり、開店3カ月目に入ったお祝いをした。開店して新たに見えてきた課題は山積しているが、お客さんの反応は上々で、売り上げも好調、すでにテレビや雑誌から取材依頼がいくつも入っている。

「みんな本当にありがとう」

山口社長は深々と頭を下げて言った。

「かなり実験的なところがあったから不安もあったけれど、現時点では大成功だと言えるね。まだ課題はあるけど、あとは走りながらよくしていけばいい」

「成長するカフェですしね」

とみなみも前向き発言をした。

そして話題はみなみの退職の話に移った。銀行をやめた後はどうするつもりなのかと、みんな興味津々《きょうみしんしん》にきく。

「よかったら、ウチに就職しないか？　今後も、ぜひあなたと相談しながらやっていきたい」。山口社長から、そんな提案が飛び出した。

「そう言っていただいて光栄です。私にはもったいないお言葉です」

みなみは心から感謝して答えた。

「社長、本当にありがとうございます。私、微力ながらも引き続き、カフェ・ピアチェーレの事業展開に関わらせていただきたいと思っています。ただ、社長のお世話になるのではなく、独立してやっていきたいんです」

みな、驚きながらも、みなみの言葉の続きを待った。

「世の中には、自分の夢を叶えるために頑張ろうとしている人がたくさんいて、でも、具体的にどうすればいいかよくわからないまま、諦めてしまっている人がとっても多いんですよね。私自身もそうでした。そんな私も、銀行での仕事やブログ、そしてこのカフェ・ピアチェーレの開店を通して、見えてきたことがあるんです。それは、夢を実現するお手伝いをすることが銀行の融資というお仕事なのではないかということ」

「確かに、銀行と上手につきあうことで、夢がどんどん叶っていくよね」

と山口社長は共感してくれた。

「銀行にいると、どうしても目の前の仕事に追われてしまうので、お客さんがどんな夢を持っていらっしゃるか、詳しく伺う時間がとれないことはよくあります。融資の仕事って、ある程度準備が整っているお客さんのサポートをすることが中心になっちゃうんです。だけど、ただそれだけだと、銀行の仕事は頭打ちだと思います。ちょっと見方を変えれば、現実にお客さんは無尽蔵だということが見えてきます。やりたいことを形にする方法をまだ知らずにいる潜在的なお客さんが大勢いるのですから、こんなふうに銀行を利用するといいんですよということを教えてさしあげて、夢を形にするお手伝いをしていきたいんです」

「銀行と組んで、個人向けの融資を行っていくということ？」

と雅美がきいた。

「うん、それも考えてる。ブログを通して知り合ったみなさんに、銀行の活用の仕方を知ってもらう。そしてもう1つは、起業家対象に融資セミナーを開くつもり。私のブログを読んでくれる人たちの中には、起業したいという人もたくさんいて、若い人もいれば定年を迎えたシニア世代の方まで相談メールが何通も来ているの。みんな自分の夢を持っているの」

「学生ベンチャーとか熟年起業とかって結構あるよね？」

今度は淳が腕組みをしながらきいた。

「そう。だから、ビジネススキルに疎《うと》い人も多いので、そういう人に向けて無料セミナーを開いていこうと思うの。夢を実現していく道しるべを示してあげれば、よりいっそう大きな夢のビジョンを描きやすくなるでしょ。最初は無料サービスになってしまうけれど、いつか独立起業して、私を頼ってくれるようになったらいいなと思ってる。ＧＩＶＥ ＧＩＶＥ ＧＩＶＥ＆ＴＡＫＥの精神でいくつもり」

すると山口社長もこんなことを言った。

「自分から何かを発信したいという人にとって、最初はちょっとしんどいこともあるかもしれない。人に分け与えるばっかりで、与えてもらうことが少ないからね。でも、それでいいんだと思う」

「社長がこのカフェ・ピアチェーレを成功へと導けた大きな要因は、飲食業のプロでもない一般の人々に、お店づくりの楽しさを提供して多くの人を巻き込んだからだと思います。社長の得意分野は、夢や楽しみを惜しみなく人に分け与え、分かち合っていくこと、ですよね？」

「うん、きっとそうだと思う」

「私、できるだけ多くの人に、それぞれの得意分野を活かす形で、銀行を活用していってもらいたいの。そのためのお手伝いをすることが、私の得意分野」

「みなみ、ほんと変わったな」

淳がしみじみと言った。

「では、みなさんのこれからのご多幸を祈って、一本締めといきましょうか！」

山口社長がそう言って、みんなで手を叩き、拍手、拍手でお開きとなった。

挑戦

みなみと淳は肩を並べ、帰り道をゆっくりと歩いていた。

「楽しかったね」

みなみがそうつぶやくと、「うん、俺もすごく楽しかったよ。みんな、すごくいい人だよなあ。それに、みなみ、おまえすごいよ！　カフェ・ピアチェーレの仕事は、みなみ自身が最高の仕事をつくり出したって言えるよ！」と淳は珍しく熱い言葉で返してきた。少し酔っているのか、顔が赤かった。

「そうかな……。なんか照れるなぁ。そうそうカフェ・ピアチェーレのオリジナル曲、すごくよかったよ」

「そう言ってもらえるとうれしいよ。みなみにはお礼を言わないと。山口社長に俺みたいな素人を紹介してくれてありがとう」

「山口社長は、ああ見えてすごく頑固なところがあるから、曲がよくなければ絶対に使わないよ。だから、淳はもっと自信を持っていいんだと思う」

「そうかな?」

淳は照れ笑いをしていた。「俺、おまえが仕事に懸命に取り組むようになったのを見て、最初はなんだよって反感持ったけど、俺だってやればできるんだぞっていう負けん気も湧いてきた。それでまたひそかに曲づくりをはじめたってワケ。できた曲を動画にアップしたりしてたけど、まだこれといった実績を出してないから、人には言えなかった。だけど、ひょんなことから映画音楽の仕事が入ってさ。その映画が公開されたら、おまえと一緒に観に行くつもりだった。映画の公開、来月だよ」

「音楽、やめなくてよかったね」

「おまえがいなかったら、たぶんとっくに夢を捨ててたよ。全部、みなみのおかげ」

みなみは、まさか淳がそこまで言ってくれるとは思ってもみなかったので、心の中で思いっきり感激していた。

「俺もおまえを見習って、会社で新しい事業に取り組んでみようと思うんだ」

唐突に、淳はそんなことも言い出した。

「俺、今までは自分の業務だけしか見ていなかったけど、うちの会社、工場製品が主体とはいえ、意外とおもしろいものつくってるんだよ。おいしいお好み焼きが自動で焼ける機械とかさ。そういう遊び心のある機械っていいよな。年に一度、社員が企画したオリジナル機械の公募があるから、俺も応募してみようと思ってる」

「いいね、それ。どんなアイデアを練ってるの？」

「音楽の自動サンプリングの機械。紙を切る音とか、卵を割る音とか、色んな音を集めて音楽にしちゃう機械だよ。できるだけマニアックな音のサンプルを集めて提供したいし、機械を買った人が自分の好みの音を登録して、サンプルを増やせるようにしたらいいなと思ってる。音のサンプルをもとに音楽がつくれるんだ。カフェ・ピアチェーレの曲をつくってるときに思ったんだけれど、色んなお店が、こうやってオリジナルの音楽を簡単につくれる機械があったら、意外と売れるんじゃないか？」

　と目をキラキラさせて語る淳だった。

「俺もやっと自分の夢が見えてきた。現実にはまだ形になっていないけど、いつか俺も自分史上最高！　と言える仕事をするよ！」

「頑張って！　応援する」

「サンキュー！　今日はうちまで送ってくよ」

淳は、つきあいはじめた頃のようにやさしい声でそうつぶやいた。

もう1人ぼっちじゃない

帰宅したみなみは、カバンの持ち手からぷ〜にゃんを取り外し、手の平に乗せてそっと話しかけた。

「ぷ〜にゃん、今日も1日、見守ってくれてありがとう」

だが、何の反応もない。

おっかしいな〜と思いつつ、「ま、いいか。またエネルギー切れたのね。私も早く寝よう」とそのまま夢の中に入ってしまった。そして夢の中で、みなみはぷ〜にゃんとおしゃべりをしていた。

「よくここまで来たね。認めてあげるだプー!」

「なによ偉そうに。まるで藤田さんみたい。それにしても、夢にぷ〜にゃんが出てくるなんて、あの日以来ね」

「みなみは本当によく頑張った。もう僕が教えることは何もないんだ。個人指導は終了だプー！」

そう言われて、みなみはあわてた。夢の中なので口がもつれてしまうが、必死になってぷ～にゃんに話しかけた。

「なに言ってるのよ。カフェ・ピアチェーレもこれからどう変化していくか全然わからないし、私のブログや無料セミナーだって、どうすればうまくいくか、ぷ～にゃんにききたいことはまだいっぱいあるんだから。本当はとっても不安なんだから」

みなみは、言えば言うほど焦りが募ってしまう。

「キミたち地球人はいつも将来に不安を持って心配している。でも、心配しても変わらないことならば、心配している間に前へ進むようにすべきなんだ。未来のことは誰にもわからないんだ。万が一失敗してもそれも経験になる。悲しいことやつらいことはいつしか思い出になるんだ。限られた人生という時間の中で、大切なことは行動をしなかったことを後で後悔しないようにすることなんだ。みなみはもう大丈夫だプー！」

「やだ！　私を1人にしないでよ！」

「みなみにはもうたくさんの仲間がいるじゃないか。色んな『1人』が集まることで、大きな力になっていくよプー！」

「ぷ～にゃん、行かないでよ～」

みなみの目からは大粒の涙が溢れていた。

「僕、まだまだ行かなきゃならないところがあるんだ。この地球上には仕事を楽しみながら幸せになっていける生き方をしていない人がたくさんいるからね。1人で頑張り過ぎちゃってる人も山ほどいるし。僕の手元に、そういう人たちのリストがあるんだ。僕のポリシーは個別指導だから、1カ所に長くはいられないんだプー！」

「そんな～！　ちょっと待ってよ」

「みなみ、元気でね～！　頑張らないでがんばるんだプー！」

みなみの夢はそこでプツリと途絶えた。

さよならぷ～にゃん

目が覚めると枕が涙でぐっしょりと濡れていた。定位置となっているぬいぐるみのクマのカー君の隣にぷ～にゃんの姿がなかった。みなみは「あっ」と大声を出し、「夢じゃなかったんだ。ぷ～にゃんはホントに、またどこか個人指導に行っちゃったんだ」と途方に暮れた。

カーテンを開けると、日増しに暖かくなる日差しが射し込んでくる。みなみは太陽の光を浴びながら、ぷ～にゃんがいなくなってぽっかり空いたタンスの上の空間を眺めた。よく見ると、その上に紙が1枚置かれていた。

手に取ってみると、『場づくりのルール』と書かれてあった。ぷ～にゃんの肉球の形をした母印のようなものも押されている。「ぷ～にゃん……こんな置きみやげなんかして」

みなみは紙を抱きしめ、また涙をぽろぽろ流した。だが、このまま泣いているわけにはいかない。今日は銀行に退職届を出すのだ。

みなみは顔を洗って服を着替え、新たな世界に踏み出す決意を改めて固めた。玄関を出ると、どこまでも青く澄み切った空には雲一つなく晴れわたっていた。

「いってらっしゃ～いプー！」

どこかから、ぷ～にゃんの声が聞こえたような気がした。

場づくりのルール

心がけ

・人を信じよう
・他人の悪口は言わない
・すぐ謝れる人になろう
・約束の10分前には着いておこう
・ビジネスマナーを身につけよう
・自分を客観的な目で見よう
・少し難しいと思えるものにチャレンジしよう
・尊敬する人のいる場所に身を置こう

相手のためにすべきこと

・受ける側の気持ちを考えて電話しよう
・メールに「クイック&あなただけ感」を出そう
・相手のエリアに出向いてごちそうしよう
・交渉相手に敬意を払おう
・取引相手や上司を出世させよう
・苦手な人の別の一面を探そう
・ときには自分の弱さも見せよう

場づくりのために

・他人からの信頼を得よう
・様々な業界に人脈を持とう
・人を巻き込む前に、まず巻き込もう
・認めてもらう前に相手の要求に応じよう
・「伝える力」を磨こう
・情報を発信しよう
・イベントの司会をしてみよう
・ちょっとした交流会を主催してみよう
・知識をアライアンスしよう

最後に

・仕事のプロになろう
・1人で頑張らない

1年後

1年後、表参道の「カフェ・ピアチェーレ」にみなみの力強い声が響いた。

「ここにいるみなさんは、なんらかの技術やアイデアをお持ちの方ばかりです。ただ、どんなに優れた技術やアイデアであっても、世の中に必要とされていないものであれば、それは単なる自己満足に過ぎません。それより『私は、こういう技術やアイデアを持っていて、こういうことをやりたいんです。一緒に考えていただけませんか』と多くの人に語っていくことで、世の中に広まり、共感する人が増えれば増えるほど、その技術やアイデアは、世の中に必要なものとなっていきます」

参加者の視線が熱い。自然にみなみの声にも力がこもる。

「カフェ・ピアチェーレ」では月に数回、みなみが講師役となって「ひとり社長セミナー」を早朝に実施していた。参加者は常に30人前後。大半は現役のビジネスパーソンだったが、中には定年退職後に起業をめざすシルバー世代や家庭の主婦も混じっていた。

東都銀行を退職後、みなみは経営コンサルタントとして会社を起こした。みなみ1人の「零細企業」だったが、幸いサンライズ社やワイ・ブライダルはじめ、東都銀行時代の取引先のいくつかが顧問契約を結んでくれたので、立ち上げ時から、ある程度の収入を確保できたのはラッキーだった。

早朝セミナーは、サンライズ社の山口社長からの「朝の集客に力を入れたい」と相談されたことから、みなみが提案したものだ。ワイ・ブライダルの青柳社長が旧知のテレビ制作会社の人に紹介してくれたことから、テレビの経済番組でも取り上げられ、一躍注目が集まった。今や「カフェ・ピアチェーレ」は、表参道界隈のホットスポットになりつつあった。

みなみは起業を目指す人たちの相談に積極的に乗った。経済的に万全の状態でスタートできる人は少なく、無報酬に近い場合もあったが、みなみは気にしなかった。能力や技術がない自分が現在のようになれたのは、ぷ〜にゃんはじめ能力や技術を持つ人に助けられたからだ。

どこかで、その「恩返し」をしたかった。もっとも肩肘張って「恩返しをしなければいけない」と自分を追い込むつもりはなかった。「頑張らないでがんばるんだプー」

という プラットフォーム星人の教えが、体の中にしみこんでいたからだ。ぷ〜にゃん、元気かな。みなみも元気だよ。プラットフォーム星の教え、これからも広めるからね。

そのとき、みなみの目に早朝セミナーの参加者の1人のバッグが目に飛び込んできた。バッグの持ち手にぶらさげられているぬいぐるみが、ぷ〜にゃんそっくりだったのだ。ぬいぐるみはみなみの視線に気づくと、一瞬ニヤッと笑ったように見えた。

色んな1人が集まることで、
大きな力になっていく！

■著者紹介

平野敦士カール（ひらの・あつし・カール）

ビジネス・ブレークスルー大学教授（学長大前研一）、早稲田大学ビジネススクールMBA非常勤講師、ハーバードビジネススクール招待講師　株式会社ネットストラテジー代表取締役、社団法人プラットフォーム戦略協会理事長。米国イリノイ州生まれ。麻布中学・高校卒業、東京大学経済学部卒業。日本興業銀行にて国際・投資銀行業務を13年間経験した後、NTTドコモiモード企画部担当部長としてクレジット事業を発案、おサイフケータイの普及に成功。元楽天オークション取締役、元タワーレコード取締役、元ドコモ・ドットコム取締役。ベンチャー投資では約4年間で100億円以上の利益（含み益含む）をあげる。2007年ハーバードビジネススクールHagiu准教授とコンサルティング＆研修会社、株式会社ネットストラテジーを創業し社長に就任。一部上場企業を中心に多数の企業のコンサルティングを行っている。

ブックデザイン　長谷川有香（ムシカゴグラフィクス）
カバーイラスト　月森フユカ
本文イラスト　小山善崇
構成　サイドランチ　TAC出版編集部
編集協力　安藤智子　岡林秀明
企画協力　吉田浩／天才工場

モヤモヤOLみなみが教《おそ》わった「自分《じぶん》を変《か》える」プラットフォーム仕事術《しごとじゅつ》

2014年4月24日　初　版　第1刷発行

著　者　平野敦士カール
発行者　斎藤博明
発行所　TAC株式会社　出版事業部
（TAC出版）

〒101-8383 東京都千代田区三崎町3-2-18
西村ビル
電話 03（5276）9492（営業）
FAX 03（5276）9674
http://www.tac-school.co.jp

組　版　株式会社　三協美術
印　刷　日新印刷株式会社
製　本　東京美術紙工協業組合

ISBN 978-4-8132-5570-3

「上質な基本」を身につける! ビジネスマナーの教科書

身だしなみから仕事の作法まで! 「ファーストクラスに乗る人のシンプルな習慣」著者の美月あきこ氏が、人と差がつく1ランク上のマナーを、ノウハウを交えて伝授します。

美月 あきこ with CA-STYLE・著
本体 1,000円(税別)

幸せの順番

あなたがうまくいっていないのは、なぜでしょう。"人生においてやるべきものごとには、順番がある"と気づいた瞬間、仕事もプライベートもうまくいくようになります! 著者が、苦難の前半生を経て見出した「人生のステップアップ法」とは?

鳥飼 重和・著
本体 1,200円(税別)

さりげなく相手の心に入り込む モテ会話・雑談のコツ

どんな相手とも会話を通じて打ち解けた関係になることができたら、あなたは、仕事でもプライベートでもきっと成功を収められるでしょう。同性からも異性からも好かれる「人たらし」のモテ会話術を教えます!

箱田 忠昭・監修
本体 880円(税別)

好評発売中

ポーターの競争戦略理論が2.5時間でわかる本

西村 克己・著 / 本体 1,200円(税別)

ブルー・オーシャン戦略を使いこなす

米山 茂美・監修　古田 靖・著 / 本体 1,200円(税別)

TAC出版

ご購入は、全国書店、大学生協、TAC各校書籍コーナー、
TAC出版の販売サイト「サイバーブックストア」(http://bookstore.tac-school.co.jp/)、
TAC出版注文専用ダイヤル(0120-67-9625 平日9:30～17:30)まで

お問合せ、ご意見・ご感想は下記まで

郵送:〒101-8383 東京都千代田区三崎町3-2-18
TAC株式会社出版事業部
FAX:03-5276-9674
インターネット:左記「サイバーブックストア」